LOIS DE CONCESSION

ET STATUTS

DE LA SOCIÉTÉ ANONYME

DES

CANAUX D'IRRIGATION ITALIENS

(CANAL CAVOUR)

PARIS

IMPRIMERIE CH. SCHILLER, FAUBOURG MONTMARTRE, 10.

1867

LOIS DE CONCESSION

ET STATUTS

DE LA SOCIÉTÉ ANONYME

DES

CANAUX D'IRRIGATION ITALIENS

(CANAL CAVOUR)

PARIS

IMPRIMERIE CH. SCHILLER, FAUBOURG MONTMARTRE, 10.

1867

N° 1.

—

CONVENTION

Du 9 mai 1862 (pour la concession du Canal Cavour)

Entre les Ministres de l'Agriculture, de l'Industrie et du Commerce, et le Ministre des Finances, contractants au nom de l'Etat, d'une part,

Et MM. L. Col. William Campbell Brislow, William Walter Cargill, Patrick Douglas Hadow, John Mastermann, Henri Bonnaire, Edwin Cox Nicholls, d'autre part,

Il a été convenu ce qui suit :

ART. 1er. MM. L. Col. William Campbell Brislow, William Walter Cargill, Patrick Douglas Hadow, John Mastermann, Henri Bonnaire, Edwin Cox Nicholls, s'obligent à constituer une Société anonyme pour la construction et l'exploitation d'un canal qui dérive constamment du Pô une quantité d'eau qui ne soit pas inférieure à 110 mètres cubes par minute seconde, toutes les fois que le fleuve peut la fournir, ledit canal, destiné à arroser le territoire Novarais et de la Lomelline, ainsi qu'à substituer, pour l'irrigation du Verceillais, les eaux de ce fleuve à celles de la Dora Baltea, conformément à la loi du 3 juillet 1853, le tout selon le projet de l'ingénieur Charles Noé, et sous l'observance des clauses suivantes de la convention.

Art. 2. Cette Société devra avoir son siége à Turin, et sa constitution régulière ne pourra être retardée au-delà du terme de deux mois à partir de la promulgation de la loi portant approbation de la présente convention.

Art. 3. Les statuts de cette Société devront être présentés au gouvernement pour être approuvés, dans un mois à dater de la promulgation de la loi.

Art. 4. La Société devra construire entièrement à ses frais ledit canal et tous les ouvrages annexes, connexes et dépendants, pour dériver et conduire dans le canal le volume constant d'eau désigné dans l'article 1er.

Art. 5. La Société devra commencer les travaux dans les six mois de la promulgation de la loi, et livrer le canal fini dans toutes ses parties dans les quatre ans, du jour du commencement des travaux, en pourvoyant à tout ce qui sera nécessaire, et faisant face à toutes les éventualités ordinaires et extraordinaires, et même à celles de force majeure, sans pouvoir se dispenser des obligations prises ni élever aucune prétention de compensation ou d'indemnité.

Dans le terme assigné pour l'accomplissement des travaux, il ne sera pourtant pas tenu compte des interruptions qui auraient pour causes la guerre et les émeutes politiques ayant leur théâtre sur les lieux des travaux, ainsi que les maladies contagieuses qui pourraient y sévir.

Art. 6. Les travaux embrassés par le projet Noé, ceux qui, sanctionnés par le gouvernement, viendraient en modification dudit projet, ou ceux que le gouvernement, d'accord avec la Société, leur ajouterait, de même que tous les autres dont il est fait mention dans la présente convention, et enfin les occupations de terrains, même provisoires, sont déclarés dès à présent œuvres d'utilité publique.

Art. 7. Le gouvernement accorde à la Société l'introduction de l'étranger de tous les matériaux nécessaires à la construction et manutention du canal, avec un rabais de cinquante pour cent sur les droits de douane.

Sera accordée en outre l'exemption des droits de douane pour les instruments et ustensiles de travail que la Société voudrait introduire pour l'exécution des différents travaux du canal, sous l'observance des conditions qui seront établies par le ministère, pour la garantie de l'intérêt du Trésor.

Art. 8. Tous les actes et contrats nécessaires dans l'exécution de la présente concession, seront exempts de tous droits proportionnels d'enregistrement, et assujettis seulement au droit fixe d'une livre.

Art. 9. Le gouvernement cède à la Société la jouissance des canaux domaniaux dérivés de la Dora Baltea et de la Sesia, avec leurs embranchements, et tous les annexes, connexes et dépendances, y compris les édifices, les moulins, et tous autres ouvrages du domaine.

Le prix de ces canaux et propriétés est fixé à vingt millions trois cent mille livres (20,300,000 liv.), et devra être payé par les concessionnaires au Trésor, en trois termes égaux, dans les douze mois de la promulgation de la loi, au moyen de lettres de change sur des banquiers agréés par le gouvernement, à l'échéance de six, neuf et douze mois, lettres de change recevables à l'escompte sur la place de Londres.

La consignation de ces lettres de change devra être faite au Trésor lors de l'acte de promulgation de la loi.

ART. 10. La Société aura la jouissance de ces canaux du 1er janvier 1863 jusqu'au terme de la concession, et après ce temps l'Etat rentrera dans leur pleine et entière disponibilité.

ART. 11. La Société devra observer les contrats faits avec l'Association générale d'irrigation à l'ouest de la Sesia, et ceux qui existeraient avec les autres intéressés, et satisfaire aux obligations, poids, charges, passivités et servitudes inhérentes à ces mêmes canaux, en relevant le Trésor de toutes les réclamations qu'il pourrait avoir à subir à cet égard.

La Société devra respecter les concessions en cours pour force motrice appliquée au service d'établissements industriels.

ART. 12. La Société aura la jouissance du nouveau canal à construire pendant cinquante ans consécutifs d'irrigation, à partir de l'année dans laquelle le canal de nouvelle construction sera mis en exécution avant la moitié du mois d'avril.

Ces cinquante années révolues, l'entière propriété et la libre disposition du même canal reviendront de droit au Trésor, sans que la Société ait droit à aucune compensation.

L'année d'irrigation commence avec l'équinoxe de printemps et finit avec le même équinoxe de l'année suivante, et se partage en deux périodes, la période d'été et la période d'hiver; la période d'été comprise entre les équinoxes de printemps et d'automne; celle d'hiver entre ceux d'automne et du printemps.

ART. 13. Sur la requête du gouvernement, et suivant

le mode qui sera déterminé par lui, la Société devra exécuter la construction de canaux destinés à recueillir les eaux de canaux d'embranchement, même jusqu'au-delà de la rive droite du Pô, près de Casal, sur les bases et avec la garantie et les avantages établis pour l'œuvre principale.

De la même manière et dans les mêmes termes, la Société devra faire acquisition de canaux (*roggie*), fontaines, aqueducs et cours d'eau.

Art. 14. Ces travaux et ces contrats d'acquisition devront être approuvés par des lois.

Art. 15. Le capital que la Société devra se procurer pour l'exécution de la concession est fixé à quatre-vingts millions de livres (80,000,000 liv.), dont cinquante-trois millions quatre cent mille (53,400,000) restent engagés comme capital invariable pour la construction du nouveau canal, y compris les intérêts pendant la construction; vingt millions trois cent mille livres (20,300,000 liv.) seront employés au paiement du prix de la cession des canaux domaniaux dérivés de la Dora Baltea et de la Sesia; et les six millions trois cent mille livres (6,300,000 liv.) restants, à l'acquisition de canaux ou cours d'eau de propriété privée, et à la formation d'autres canaux, en conformité des dispositions des articles précédents.

Art. 16. La dépense pour la formation de nouveaux canaux, en outre du canal principal, sera fixée d'un commun accord, ou autrement au moyen d'arbitres.

La dépense d'acquisition sera celle du prix convenu avec les vendeurs.

Art. 17. Est réservée, en faveur de la Société, la jouissance des objets désignés dans les précédents articles 14 et 15 pour tout le temps de la concession.

Art. 18. Sur le capital de construction du canal et

sur les autres sommes énoncées dans cette convention (1), le gouvernement garantit à la Société :

a.) Un intérêt annuel de 6 0/0, à courir pour chacun des objets de la concession, du jour où commenceront à se compter les cinquante années de jouissance, comme il est dit à l'article 12.

b.) Un amortissement de 0,3444 de livre 0/0 pour les sommes allouées pour le canal à dériver du Pô (canal Cavour), et pour les canaux domaniaux dérivés de la Dora Baltea et de la Sesia (canaux cédés par l'Etat), et pour les autres sommes formant le reste du capital (canaux dérivatifs), un amortissement relatif au nombre des années non encore écoulées sur la concession.

Cette garantie est seulement imputable au capital de quatre-vingt millions de livres, et aura son entier effet alors seulement que la somme en sus (canaux dérivatifs) de celle des deux capitaux fixes de *cinquante-trois millions quatre cent mille livres* (canal Cavour), et de vingt millions trois cent mille livres (canaux domaniaux), sera effectivement employée dans les travaux et dans les acquisitions prévus aux articles 13, 14 et 15, ou dont on se sera assuré le montant, conformément à ce qui a été prévu par l'article 16 suivant.

Art. 19. La Société, en prenant à forfait la construction du canal à dériver du Pô, accepte comme définitive la somme de cinquante-trois millions quatre cent mille livres, et, en conséquence, elle assure entièrement, à

---

(1) Ces sommes se décomposent comme suit :

53.400.000, construction du canal.
20.300.000, prix des canaux domaniaux cédés par l'Etat.
6.300.000, canaux secondaires et dérivatifs à entretenir ou à construire.

80.400.000

ses risques et périls, quelque éventualité que ce soit d'excédant de dépense qui pourrait être nécessaire pour la construction des travaux nécessaires à assurer constamment la dérivation et la conduite du volume d'eau dont il est question à l'article 1er, sauf la disposition de l'article 33, quant aux dépenses de manutention et de réparation.

Art. 20. La Société est autorisée à recueillir le capital nécessaire pour l'exécution de la concession dont il est question à l'article 15: une partie au moyen d'actions, pour la somme fixe de vingt-cinq millions de livres, et une partie au moyen d'obligations, portant intérêt à 6 0/0, jusqu'à concurrence de cinquante-cinq millions de livres.

Les titres des obligations émises par la Société porteront la signature d'un commissaire du gouvernement.

Les versements des obligations seront déposés dans les caisses publiques pour être versés à la Société au fur et à mesure des besoins vérifiés de l'entreprise.

Les intérêts des obligations seront payés pour l'Italie par les caisses publiques désignées à cette fin par le ministère des finances, à condition pourtant que la Société pourvoie, en temps opportun, aux sommes nécessaires, et qu'elle tienne compte aux caisses susdites d'une commission de deux pour mille; pour l'Angleterre, ces intérêts seront payés pour le compte de la Compagnie et du Trésor royal, par la maison Mastermann-Peters et Ce, banquiers de la Société, ou par quelque maison de banque que ce soit, acceptée par le gouvernement à Londres, au change fixe de vingt-cinq livres italiennes pour une livre sterling. Cette maison de banque devra, quinze jours avant l'échéance, indiquer les mandats ou les titres qui auront été présentés pour le payement relatif.

Art. 21. La Société devra soumettre à l'approbation du gouvernement les projets de tous les travaux de nouvelles constructions compris dans la concession.

Art. 22. Le gouvernement a le droit de surveiller l'exécution des travaux mentionnés à l'article précédent, et de les faire vérifier avant qu'ils soient mis en exploitation.

La vérification générale des travaux devra être faite par le gouvernement dans l'année d'entrée en exercice du canal.

Le gouvernement se réserve cependant, dans les quatre années du commencement de l'exploitation, la faculté de prescrire tous les travaux supplémentaires qui seraient nécessaires pour assurer la dérivation constante du canal, dont il est question à l'article 1er de la présente convention.

Ces travaux supplémentaires devront aussi être exécutés par la Société, et la dépense qu'ils nécessiteront devra être comprise dans les cinquante-trois millions quatre cent mille livres, dont il est question à l'article 15.

Art. 23. Le gouvernement a aussi le droit de veiller au bon exercice de tout ce qui forme l'objet de la présente concession, comme aussi de contrôler la gestion de la Société dans la partie économique.

Art. 24. Les commissaires du gouvernement feront, en contradiction de la Société, un inventaire détaillé de chacun des objets de la concession, immédiatement après que la Société en aura entrepris l'exploitation, afin de constater leur valeur matérielle, et leur qualité.

Art. 25. Les dépenses nécessaires pour l'exécution des dispositions des articles 22, 23, 24, seront supportées par la Société.

Art. 26. La Société sera responsable de la conservation des objets de la concession, et de leur qualité inhérente, de la manière, dans les termes et dans les formes résultant de l'inventaire.

Au terme de la concession, elle devra les remettre au gouvernement dans un état de bonne conservation matérielle et juridique.

Art. 27. La Société est mise au lieu et place du domaine pour pourvoir à la conservation des objets de la concession.

A cette fin, est étendue en faveur de la Société, l'observance des règlements analogues en vigueur.

Art. 28. Le prix en argent de la location de l'eau, ainsi que de sa force motrice, de même que celui des concessions dont il est question à l'art. 11, sera déterminé par le gouvernement, la Société entendue, en tenant compte approximativement de la moyenne des prix courants.

La Société ne pourra pas le changer sans l'approbation du gouvernement.

Art. 29. Les eaux du canal à dériver du Pô, conduites au-delà de la Sesia, passé ce fleuve, seront mesurées au-dessus de la première bouche de distribution de ces eaux mêmes, au moyen d'un hydromètre placé selon les règles d'hydraulique et se rapportant à des échelles fixes de nivellement, pour constater un écoulement qui ne sera pas inférieur à 90 mètres cubes par minute seconde, sauf le cas de défaut d'eau dans le Pô, cas dans lequel la Société suppléera à la différence au moyen des eaux de la Dora Baltea.

Art. 30. La Société s'oblige, si la demande lui en était faite, de donner en location à une association générale de propriétaires d'outre-Sesia, toute l'eau qui coulera à l'hydromètre dont il est question à l'article précédent, au prix qui sera fixé par le gouvernement, d'accord avec la Société.

Art. 31. Dans le cas auquel la location des eaux

au-delà de la Sesia, dont il est question à l'article précédent, ne se ferait pas, la Société devra fournir ces eaux, soit aux communes, soit aux associations partielles et aux propriétaires, au prix fixé par le gouvernement, selon l'article 28, et aux autres prix qui seront déterminés par le gouvernement d'accord avec la Société, et selon les circonstances.

Art. 32. La Société, d'accord avec le gouvernement, pourra céder tout ou partie des eaux conduites au-delà de la Sesia.

Les ventes devront être approuvées par des lois.

Dans ce cas, le produit de la vente sera retiré par le Trésor de l'État, lequel en servira à la Société l'intérêt et l'amortissement fixés par l'article 18 pour tout le reste de la durée de la concession.

Art. 33. L'obligation de garantie prise par le gouvernement en vertu de l'article 18 est purement éventuelle; elle ne peut avoir son effet que dans le cas où le produit net n'atteindrait pas, dans son ensemble, la somme nécessaire pour le service des intérêts et de l'amortissement garantis.

Le produit net se compose des produits de toute nature, y compris les locations et les recettes des canaux et des propriétés données en jouissance par l'Etat, défalcation faite de tous les frais de manutention et de réparation tant ordinaire qu'extraordinaire, ainsi que des frais d'administration.

Art. 34. La Société sera obligée, en prenant l'exercice des canaux domaniaux dont la jouissance lui est donnée, de prendre à son propre service, avec les appointements que le gouvernement aura fixés, les employés attachés à la direction et à la surveillance de ces mêmes canaux, et qui seront désignés dans un tableau dressé à cet effet.

Ces employés ne pourront, par la suite, être congédiés ou révoqués sans le consentement préalable du gouvernement.

Dans le cas de mise en expectative ou en disponibilié, ou au repos de ces employés, les droits qu'ils auront acquis pour le concours prêté, soit au gouvernement, soit à la Société, leur seront comptés, et la Société devra leur payer la rétribution annuelle qui sera liquidée par le gouvernement, aux termes des lois qui seront en vigueur sur cette matière.

Art. 35. Le recouvrement de tous les produits indistinctement des canaux exploités par la Société sera opéré de la même manière et avec les mêmes priviléges que la loi accorde pour les contributions publiques et par les percepteurs d'arrondissement (*mandamentati*).

Art. 36. Le gouvernement se réserve la faculté de prolonger au-delà du Tessin le nouveau canal à dériver du Pô, au bénéfice de la zone, maintenant encore sèche, du territoire lombard qui se trouve à gauche, au-dessus du Naviglio-Grand de Milan, en en accordant de préférence la concession, à conditions égales, à la présente Société.

La Société, en tous cas, devra se pourvoir du volume d'eau nécessaire pour l'irrigation de cette zone de territoire, et l'introduire supplémentairement dans le canal, moyennant le simple remboursement de la dépense y relative.

Art. 37. En cas de questions soulevées entre la Société et le gouvernement sur l'interprétation et l'exécution du présent contrat, la décision sera déférée à trois arbitres : l'un choisi par la Société, l'autre par le gouvernement, et le troisième par le Président de la cour d'appel siégeant à Turin.

Les décisions, pourvu qu'elles soient restreintes dans

les limites fixées par les contestants, seront définitives et obligatoires.

ART. 38. La Société sera tenue de payer de son argent, à la veuve et aux enfants du défunt arpenteur François Rossi, qui, le premier, a signalé la possibilité d'utiliser les eaux du Pô sur le territoire Verceillais et de la Lomelline, comme une récompense qui lui avait été promise de son vivant, la somme de 50,000 livres, de la manière et dans les termes qui seront établis par le gouvernement.

ART. 39. Le gouvernement prend l'engagement de pourvoir, par une loi, à ce que, sur toute l'étendue du territoire traversé par les canaux de la Société, dans les limites de 300 mètres du nouveau canal du Pô et des canaux domaniaux cédés à la Société; de 200 mètres des canaux principaux de dérivation que la Société acquerrait de propriétaires privés; de 100 mètres des embranchements principaux se détachant des canaux susdits de la Société concessionnaire, soient interdits l'ouverture de nouvelles *fontaines-ruisseaux* (*fontanili*) coulant en tranchée ouverte, et l'approfondissement ou l'élargissement au delà de leurs limites actuelles de celles qui déjà se trouvent ouvertes, sauf les droits acquis sur les propriétés d'autrui à l'époque de la promulgation de la présente loi.

La prohibition, par rapport aux canaux déjà existants, devra avoir son effet à partir du jour de la promulgation de la loi approbative de cette Convention, et par rapport aux nouveaux canaux du jour du tracement de chacun d'eux.

ART. 40. Le gouvernement prend aussi l'obligation de pourvoir à ce que, aux termes de la loi communale et provinciale, les communes, les provinces et les corporations morales, soient autorisées à prendre le nombre d'actions et d'obligations qu'elles jugeront convenables afin d'assurer l'exécution de la présente concession, en contractant les emprunts qui pourraient être nécessaires pour faire face au payement des actions et des obligations susdites, et en engageant leurs budgets pour plus de trois années à l'avenir, pour le service des intérêts y rélatifs et pour le remboursement du capital, en excédant, s'il le faut, la limite normale de leur impôt spécial.

Art. 41. Les contractants, en garantie des obligations prises pour eux et pour la Société à constituer, déposeront dans les caisses de l'Etat, dans les quinze jours de la date de la publication de la loi approbative de la concession, un million de livres en titres de la dette publique italienne comptée au pair.

Ce dépôt ne sera rendu qu'après l'exécution de travaux de construction du canal à dériver du Pô, d'une importance de dix millions de livres.

Art. 42. Après vingt-cinq ans de jouissance, le gouvernement aura la faculté de racheter la concession en payant à la Société le capital correspondant au revenu net moyen annuel des trois dernières années, à raison de cinq pour cent, avec déduction de la somme déjà amortie par la garantie payée par le gouvernement.

Art. 43. Dans le cahier des charges pour l'exécution de la présente convention, seront précisées toutes les clauses et conditions qui seront nécessaires pour développer et harmoniser les conditions essentielles de la concession, et garantir, de la meilleure manière possible, les intérêts réciproques de l'État et de la Société.

Dans ce cahier des charges, le gouvernement fera insérer, d'une manière spéciale, les prescriptions techniques qui fixeront les règles d'approbation des projets dont il est question à l'article 21, et celles de vérification des travaux, dont il est question à l'article 22.

Art. 44. La concession dont il s'agit n'aura d'effet que par une loi; si elle n'était pas sanctionnée par le Parlement, ou si l'introduction de modifications essentielles déterminait la Société à annuler le contrat, ladite Société n'aura, dans aucun cas, aucun droit à compensation, indemnité ou remboursement, à quelque titre que ce soit. Dans le cas où, dans la session actuelle législative, l'approbation de la présente convention ne serait pas obtenue, la Société aura le droit de se retirer et le dépôt de 500,000 livres lui sera restitué.

Pour l'exécution de ce qui est ci-dessus, moi Directeur, chef de division, j'ai rédigé la présente convention en double original, au bas duquel les parties et les témoins ont signé avec moi.

Turin, le 9 mai 1862.

Signé à l'original : W. W. Cargill; — H. Bonnaire; — E. C. Nicholls; — W. Campbell; — Onslow; — P. Douglas Hadow; — J. Mastermann; — J. Pepoli; — Q. Sella, *ingénieur;* — C. Noé, *témoin;* — Charles Sospizio, *témoin;* — Théodoro Barnato, *directeur, chef de division.*

Pour copie conforme :

Le directeur, chef de division,

T. Barnato.

N° 2.

—

RAPPORT

Sur le projet de loi présenté à la Chambre des députés dans la séance du 9 juin 1862, par MM. les ministres des finances et de l'agriculture, de l'industrie et du commerce, pour l'approbation de la Convention du 9 mai, même année, relative à la concession de la construction d'un canal d'irrigation, à dériver du Pô à Chivasso, pour l'amélioration des campagnes du Vercellais, Casalais, Novarais et de la Lomellina, ainsi qu'à la cession de la disponibilité des canaux domaniaux dérivés des fleuves Dora Baltea et Sesia.

Messieurs! L'irrigation est un grand et puissant secours pour l'agriculture. Son histoire se confond avec celle de l'agriculture, comme le prouvent les traces qui nous restent des travaux gigantesques remontant à l'antiquité la plus reculée.

Les systèmes d'irrigation, en faveur de l'agriculture,

varient selon les conditions climatologiques et l'assolement des différents pays. L'irrigation est prodigieusement bienfaisante pour les pays du Midi, où, sans elle, les nouvelles méthodes de culture moderne seraient impossibles, et l'agriculture se verrait condamnée à rester dans le vieux système des jachères.

L'irrigation, là où elle est bien adaptée, crée une agriculture tout à fait spéciale et multiplie grandement la production. Avec la production, la richesse augmente et elle se répand ensuite sous différentes formes dans toutes les parties de l'économie publique.

L'Italie a compris, depuis longtemps, toute l'importance et l'utilité de ces principes, et a précédé toutes les autres nations dans les travaux destinés aux arrosements. C'est en Italie que la science hydraulique a pris naissance, et c'est en Italie que les autres nations sont venues étudier les règles des irrigations.

L'agriculture de la Lombardie doit la renommée et la suprématie, qu'elle a si justement acquises, à son système d'irrigation. Le Piémont, en suivant cet exemple, a obtenu, dans le Vercellais, dans le Novarais, dans la Lomellina, des résultats si rapides et si avantageux qu'il a pu se convaincre, en peu de temps, de quelle importance serait l'irrigation pour son avenir économique.

Le Vercellais, le Novarais et la Lomellina occupent la plaine gauche de la vallée du Pô, comprise entre la Dora Baltea au couchant, le pied des Alpes au nord, le Tesin au levant et le Pô au midi.

L'irrigation de cette vaste étendue de terres est alimentée essentiellement par les canaux dérivés de la Dora Baltea, de la Sesia et du Tesin.

Le Vercellais, situé entre la Dora Baltea et la Sesia, est arrosé par trois canaux importants appartenant au maine de l'Etat. Ces canaux prennent leurs sources de la rive gauche de la Dora Baltea : le premier sous les murs de la ville d'Ivrée, dont il prend le nom, les deux autres près de Cigliano, et se nomment canaux de Cigliano et de Rolto.

Ces trois canaux ont ensemble une capacité d'à peu près 90 mètres cubes par seconde, et courent parallèlement entre eux dans la direction du couchant au levant. Ils servent à arroser tout le territoire qui s'étend jusqu'au Pô.

C'est avec ces trois canaux, et principalement avec celui de Cigliano, qui, à cette époque, avait été agrandi, et avait à lui seul une capacité de 50 mètres cubes d'eau par seconde, c'est avec ces trois canaux, qu'on a inondé le Vercellais, dans le printemps de 1859, par mesure de défense contre les Autrichiens, qui s'avançaient contre la capitale.

Le régime d'irrigation, dans le Vercellais, a été réglé jusqu'à la fin de 1853 par le système de fermage.

Ce système, en mettant en face deux intérêts opposés, n'était pas le plus convenable pour les progrès de l'agriculture. C'est pourquoi, au fermage, on substitua une Société générale formée par tous les intéressés. Elle fut créée par une loi du 3 juillet 1853. Le gouvernement accordait, en location, à cette Société, d'après les règles fixées dans un cahier des charges approuvé par la même loi, toutes les eaux appartenant au Domaine. Cette Société, qui n'existe que depuis huit ans, prouve, par les résultats obtenus, combien le principe de l'association des capitaux et de l'intelligence est utile, même pour l'industrie agricole, lorsqu'il est sérieusement appliqué.

Le Novarais et la Lomellina occupent la plaine qui suit celle du Vercellais, et qui se trouve comprise entre la Sesia et le Tesin.

Ici, l'irrigation a lieu principalement par les canaux Mora, Rizzo-Riraga, Busca et de Sartirana. qui sont dérivés de la rive gauche de la Sesia; et par le canal de Langosco, dont la prise d'eau a lieu sur la rive droite du Tesin.

De ces canaux, un seul appartient au domaine de l'Etat. C'est le canal de Sartirana qui est le dernier dérivé de la Sesia, dans le territoire de Palestro, et arrose la basse Lomellina, vers le Pô.

Les autres canaux sont de propriété privée, et arrosent les zones supérieures.

Avec l'eau des canaux qui le parcourent, on peut dire que le Vercellais est assuré des bienfaits de l'irrigation, d'autant plus que la Dora Baltea, qui nourrit ces canaux, est richement pourvue d'eau, surtout en été.

Le Novarais et la Lomellina se trouvent, au contraire, dans des conditions assez précaires. La Sesia, de laquelle prennent naissance les principaux canaux qui arrosent ces provinces, roule des eaux assez abondantes au printemps, mais devient très pauvre en été, lorsque la nature aurait justement le plus besoin d'eau.

Cet état de choses rend timides les essais des cultivateurs intelligents de ces provinces, quoiqu'ils soient très entreprenants par caractère. Outre cela, il n'y a qu'une petite partie du territoire de ces provinces qui puissent être assurées d'une irrigation certaine. Il s'ensuit qu'une étendue considérable de terres se trouve condamnée à des cultures sèches, donnant peu de produits et d'une manière incertaine; et même, dans les endroits les plus mauvais, on laisse les terres incultes.

Depuis longtemps, le gouvernement se préoccupait des remèdes à mettre en œuvre pour parer à ces dommages.

La disposition donnée à la dérivation du canal de Cigliano, ouvert aux frais de l'Etat vers la fin du siècle passé, et les études qui existent encore sur son tracé, prouvent abondamment qu'on se proposait de se servir des eaux de ce canal pour l'irrigation de ces provinces.

Ce projet, alors abandonné, a été repris et accompli par l'agrandissement de ce canal, en 1858-59, quoique pourtant les eaux, qui, de ce canal, se versent dans la Sesia, ne puissent être recueillies qu'à la dérivation du canal de Sartirana, dont la zone d'irrigation est limitée à la basse Lomellina.

L'idée d'utiliser pour le même effet les eaux du Pô n'était jamais venue, l'attention des hommes techniques ayant toujours été détournée par les fausses indications du niveau du cours de ce fleuve, par rapport à la plaine qu'il côtoie.

Il était réservé à un intelligent agriculteur du Vercellais, M. François Rossi, arpenteur, d'éclaircir ce sujet important. Guidé seulement par son coup d'œil savant et pratique, et par quelques données de niveau, il put ouvrir la voie, qui dissipa les préventions qui avaient empêché pendant si long temps l'exécution d'une œuvre si féconde en utiles conséquences.

L'exposé de M. Rossi fut, tout d'abord, accueilli comme un paradoxe. Mais les études exactes et précises auxquelles on procéda par l'initiative du gouvernement, confirmèrent pleinement ce que M. Rossi avait avancé. Dès lors on admit dans l'ordre des choses possibles, qu'on pouvait tirer parti des eaux du Pô pour l'irrigation des territoires circonvoisins.

Après ce résultat, le gouvernement lui-même, considérant la chose comme très-importante. prit les mesures nécessaires pour faire étudier un projet régulier de l'entreprise. Cette étude, qui se fit d'abord pour une prise d'eau, en aval de l'embouchure de la Dora Baltea dans le Pô, près de Crescentino, fut abandonnée par des raisons de hauteur de niveau, comme ne répondant pas aux exigences auxquelles elle devait servir.

Ces faits eurent lieu de 1844 à 1846.

Sous les auspices et par l'initiative du regretté comte de Cavour, alors ministre des finances, de nouvelles études furent entreprises, en 1853, par M. le chevalier Charles Noé, actuellement inspecteur, chef du service des canaux domaniaux, lequel rédigea le projet qu'il s'agit maintenant d'exécuter.

Selon ce projet, préparé et publié depuis 1854, le canal dont il s'agit, prend sa source du Pô, près de Chivasso, arrose les campagnes du Vercellais et du Novarais, pour aller se jeter dans le Tesin, près de Galliate. Son parcours serait de 85 kilomètres, avec une chute de près de 30 mètres. Ce canal doit servir à l'irrigation d'une superficie d'à peu près 110,000 hectares de terrains des campagnes du Novarais et de la Lomellina, qui se trouvent sur sa droite, et qui manquent absolument d'eau; en même temps il servira à compléter l'irrigation d'une superficie de 6,000 hectares des mêmes campagnes, qui sont insuffisamment pourvues d'eau.

Ce canal est à même d'apporter les bienfaits de l'irrigation à la plaine comprise entre Casal et Valenza, qui en est privée maintenant, et qui présente une superficie de 11,000 hectares. Au besoin, il pourra traverser le Tesin à l'endroit même de son embouchure dans ce fleuve, pour parcourir ensuite utilement une zone sèche, très-étendue, de la plaine lombarde, qui domine le grand canal (*naviglio*) de Milan.

Aussitôt que le projet du chevalier Noé fut connu, le désir s'éveilla, dans toute la population, de le voir promptement exécuté. Les communes firent de vives instances et, pour mieux solliciter le gouvernement à commencer l'entreprise, chacune d'elles, par des délibérations régulières, déclara la quantité d'eau dont elle aurait besoin pour l'irrigation de son territoire respectif.

La question de compétence était résolue : soit en principe, soit par les précédents depuis plusieurs siècles. Le gouvernement ne doutait pas qu'il fût de son devoir d'assumer l'exécution de l'entreprise, et, de sa propre initiative, il en avait pris la charge. Les grands canaux d'irrigation sont des ouvrages de véritable utilité publique, que la spéculation privée n'est pas de force à entreprendre. Les essais qu'on tenta dans ce sens furent toujours ruineux. La raison de ce fait est inhérente à la nature même de l'entreprise, et il n'en peut être autrement. Un canal d'irrigation ne peut être complétement utile que lorsque les plus petits embranchements ont été exécutés, et les terrains disposés à recevoir l'eau.

Or, les ressources de la spéculation privée ne peuvent suppléer aux dommages causés par ces retards. Outre cela, quand bien même on arriverait à débiter toute l'eau, dans le plus court espace de temps possible, les produits ne pourraient jamais outrepasser le prix même de l'eau; tandis que tous les bénéfices, résultants par l'augmentation que l'irrigation produit dans la richesse territoriale, entreraient dans les caisses de l'État.

De ces principes découle, pour ainsi dire, l'obligation pour le gouvernement d'intervenir, par les moyens qui lui sont propres, soit directement, soit par des garanties d'intérêts, dans la construction des grands canaux, desquels dépend le développement de la richesse publique.

L'Angleterre transforma en une mine d'or ses possessions de l'Inde, en concédant l'exercice des droits fiscaux à une compagnie, qui construisit un immense réseau de canaux d'irrigation dont elle sut tirer les plus grands profits. Cette compagnie, profita bien plus des bénéfices que le gouvernement lui accorda sur l'accroissement de la richesse publique, que du produit direct de l'eau.

Les choses réduites à ce point, il ne s'agissait plus que de voir si l'État devait se charger lui-même de l'exécution de ce canal, ou s'il ne lui était pas plus utile d'en confier l'exécution à la spéculation privée, en lui accordant des garanties équitables.

Après mûre réflexion, ce parti fut jugé le plus utile aux finances, d'autant plus qu'il se présentait une société de capitalistes français et anglais, qui offrait de prendre l'entreprise, moyennant la garantie, de la part du gouvernement, d'un intérêt de 4 1/2 pour 0/0, sur la somme totale des frais.

Les négociations étaient déjà bien avancées, lorsqu'elles se rompirent, le gouvernement préférant peut-être, exécuter lui-même une entreprise si importante.

Cela eut lieu en 1853, tandis que le projet était à l'étude, et que la rente était au-dessus de 90 fr.

Depuis lors, par les vicissitudes politiques, le gouvernement ne fut plus en situation de prendre une charge si lourde, et sans renoncer au projet, on dut en retarder l'exécution et attendre qu'il s'offrît une occasion plus favorable pour l'exécuter.

En attendant, les années de sécheresse qui survinrent, et l'augmentation constante des prix des denrées agricoles, montrèrent jusqu'à l'évidence la véritable importance de ce canal.

L'occasion attendue, se présenta dernièrement, par l'offre faite par une société de capitalistes anglais,

Après des négociations compliquées sur les différentes questions économiques et financières, qui se rattachent à cette entreprise, la concession fut préliminairement accordée, et on en arrêta les conditions dans une Convention, stipulée à cet effet, le 9 du mois de mai passé.

Dans cette Convention, outre la concession pour la construction du canal, selon le projet relatif, on a traité de la cession, et de la disponibilité de tous les canaux que le domaine de l'État possède dans le Vercellais et dans la Lomellina. On a fixé le capital de la concession à 80 millions de livres, dont 53,400,000 livres sont fixées à forfait pour la construction du canal; 6,300,000 livres doivent être employées, sauf justification, à l'ouverture des embranchements du canal même, et aux acquisitions des canaux de propriété privée, dans le Novarais et la Lomellina; et les 20,300,000 livres qui restent, devront être payées au gouvernement comme correspondant à la cession des canaux qui lui appartiennent.

Justification donnée de l'emploi de la somme des 6,300,000 livres destinées à l'acquisition des canaux de propriété privée, et à l'ouverture des embranchements, l'Etat garantit pour le capital entier de 80 millions, et dans les termes fixés par la convention, l'intérêt à 6 pour 0/0, outre l'amortissement graduel dans une période de 50 années, fixée pour la durée de la concession.

Avec la rente à un peu plus de 70, et avec les emplois avantageux que trouvent aujourd'hui les capitaux, il n'est pas difficile de justifier la garantie de 6 pour 0/0 qu'on a stipulée.

Dans la somme de 53,400,000 livres fixée à forfait pour la construction du nouveau canal (la Société concessionnaire ayant à sa charge quelque éventualité que ce soit qui pourrait se présenter comme excédant de dépenses), se trouvent aussi compris les intérêts des capitaux qui resteront improductifs jusqu'à l'achèvement de l'entreprise, qui est fixé à quatre ans.

La somme de 6,300,000 livres est fixée pour l'acquisition des grands canaux de propriété privée existants dans le Novarais et dans la Lomellina et pour la construction des canaux d'embranchement du canal du Pô.

Le rachat des canaux de propriété privée qui entrecroisent le nouveau canal et l'ouverture des canaux d'embranchement sont indispensables pour donner au nouveau canal les artères principales pour le débit de son eau.

L'acquisition des canaux de propriété privée, de beaucoup plus élevés que le nouveau canal, permet d'atteindre par leur moyen le but très important d'étendre les bienfaits de l'irrigation à des territoires qui ne pourraient en être pourvus d'aucune façon par le nouveau canal, et cela moyennant un échange opportun d'eau des uns aux autres. Elle permettra en même temps d'unifier autant que possible le régime d'irrigation, en évitant les conflits qui se produiraient infailliblement par le frottement d'intérêts opposés.

C'est par le même motif, qu'on a aussi stipulé la cession de la disponibilité de tous les canaux que le domaine possède dans le Vercellais et dans la Lomellina, moyennant la somme de 20,300,000 livres. Il faut noter que pour les canaux du Vercellais, leur cession a eu aussi pour cause l'obligation dans laquelle se trouvait le gouvernement de remplir les conditions contenues dans l'article 44 du contrat de location des eaux de tous les canaux du domaine, dérivés de la Dora Baltea, qui, par la loi du 3 juillet 1853, avaient été concédés à l'Association générale d'irrigation, à l'ouest de la Sesia. Par cet article, et en prévision du cas où le canal du Pô aurait été construit, le gouvernement s'était engagé à servir de préférence, avec les eaux de ce canal, toutes les parties des campagnes du Vercellais, que les conditions de niveau permettraient d'arroser.

Le prix de 20,300,000 livres sus-énoncé pour la cession des canaux du domaine a été calculé d'après le produit net des mêmes canaux montant à 812,000 livres, prix capitalisé à 4 0/0, comme l'exigent les besoins du Trésor, en saisissant l'occasion favorable qui se présente.

Par la garantie pour ce capital d'un intérêt de 6 0/0, la cession peut être comparée à un emprunt émis à 80, amortissable en 50 ans, et avec une perspective d'amélioration; car on peut calculer que l'administration de ces canaux par la spéculation privée donnant de plus grands produits, la garantie de l'Etat s'en trouvera soulagée.

Parmi les opérations secondaires ayant pour but de répandre l'irrigation et auxquelles la Société concessionnaire devra procéder, nous devons faire remarquer celle qui se rapporte à la plaine du Casalasque, à droite du Pô, d'une étendue de plus de 11,000 hectares. En outre des différents services qu'elle rendra à la ville bien méritante de Casal et aux grands bienfaits qu'elle répandra, non-seulement parmi les populations agricoles de la plaine même, mais aussi parmi celles des collines, qui la dominent au midi, cette opération aura une grande importance stratégique par rapport aux fortifications qui entourent cette ville.

On peut convenablement obtenir ce résultat moyennant un embranchement des canaux du Vercellais.

Après cette analyse du capital de la concession et cette indication de son emploi, il est utile de rechercher quels en seront les produits.

Le prix plus que modérément nécessaire pour l'irrigation, en été, d'un hectare de terrain, est estimé à 40 livres. Par conséquent, l'irrigation de 120,000 hectares de terrain donne un revenu de. . L. 4.800.800 00

A cette rente principale appartenant au nouveau modèle, il faut ajouter :

a) Le revenu des canaux domaniaux cédés à la Société, de...............	812.000	00
b) Le produit de l'eau hivernale du nouveau canal pour irrigation, de même que pour force motrice au service de l'agriculture........................	200.000	00
c) Le prix de plus-value que la Société générale d'irrigation de l'ouest de la Sesia devra payer pour l'échange des eaux dérivées de la Dora Baltea, avec celles du canal du Pô, selon la faculté qui lui a été réservée dans le contrat approuvé par la loi du 3 juillet 1853, et qu'on estime à	100.000	00
Les produits sus-énoncés montent à	5.912.000	00
Sans compter la rente des canaux de propriété privée qu'on doit acquérir, et qui dépasse......................	100.000	00
D'où l'on peut fixer que la somme totale des produits dépassera ....L.	6.012.000	00

Quant aux dépenses ordinaires d'administration et de manutention, elles seront naturellement limitées, les canaux n'ayant pas un trafic varié et susceptible de changements imprévus comme les chemins de fer, ni un renouvellement presque périodique de matériel. Dans tous les cas, on ne peut présumer que ces dépenses excèdent une somme de 700,000 fr.

La garantie de l'Etat se trouvera donc couverte même pour les canaux cédés par le domaine.

Il nous semble à propos d'indiquer aussi les produits indirects, que le développement de la richesse territoriale, ayant pour cause la construction du canal, feront refluer à leur tour vers le Trésor public.

En admettant que, par l'effet de l'irrigation, on obtienne une augmentation de 200 livres par hectare, dans la production des terres actuellement sèches ou incultes ; pour un total de 120,000 hectares, qui se trouvent dans ces conditions, on aura une augmentation de rente d'à peu près 24 millions qui, nette, peut être réduite à environ 12 millions. En calculant à 20 0/0 l'impôt foncier qu'on retire de cette somme nette, cet impôt produira 2,400,000 livres.

En admettant que, dans l'espace de dix ans, l'Etat perçoive au moins 4 0/0 du montant du capital, ou, en d'autres mots, 80 0/0 de la rente, la taxe d'enregistrement donnera une augmentation de produit de 880,000 livres.

En ne calculant qu'à un million de livres le total des augmentations à répartir entre les autres charges publiques, comme conséquence de l'augmentation de la production et du bien-être, les produits indirects atteindront le chiffre de 4,000,000 de livres.

Après avoir parlé des charges que la condition de garantie de cette entreprise fait peser sur l'Etat, il est utile de jeter un coup-d'œil sur les autres conditions du contrat, qui, par elles-mêmes, ont quelque importance.

Entre autres, on doit remarquer la condition par laquelle on impose à la Société concessionnaire l'obligation du paiement à faire à la veuve et aux enfants de l'arpenteur François Rossi de Verceil, comme à celui qui, le premier, montra que les eaux du Pô pouvaient être employées à améliorer les terres comprises entre le Pô et le Tesin, en dissipant la croyance contraire, fondée sur des statistiques erronées sur le cours de ce fleuve.

C'était un devoir de justice pour le gouvernement de songer à récompenser M. Rossi. Le gouvernement du magnanime roi Charles-Albert, par l'intermédiaire des honorables ministres d'Etat, comte Gallina et comte Thaon de Revel, qui furent alors ministres des finances, le lui avait promis dans le cas où l'on entreprendrait la construction d'un canal d'irrigation dérivé du Pô.

Le gouvernement du roi Victor-Emmanuel II est heureux d'avoir pourvu à l'accomplissement de cette honorable promesse.

Une clause importante, et qui peut paraître peu convenable comme enchaînant le libre exercice de la propriété, mais qu'on doit reconnaître juste, en examinant les circonstances spéciales des lieux, c'est celle contenue dans l'article 39, qui défend d'ouvrir de nouvelles sources courant dans des tranchées, d'approfondir ou d'élargir au-delà de leurs limites actuelles celles existantes, et cela sur tout le territoire accessible aux eaux du nouveau canal.

Messieurs, l'industrie de chercher les sources souterraines par tous les moyens, sans regarder aux dépenses, sans s'épargner les dérangements, les procès, les sacrifices, cette industrie favorisée aussi par la structure géologique du sol, est supérieurement exercée par les populations intelligentes et vives du Novarais et de la Lomellina, qu'on pourrait justement qualifier d'hydroscopiques.

Effectivement, en parcourant la vaste étendue de leur territoire, on trouve une innombrable quantité de sources-ruisseaux, quoique relativement à l'irrigation on peut à peine les nommer, comme aussi les *fossés de recherche* (*cavi-cerca*), véritables voleurs d'eau, des terrains circonvoisins, dont un grand nombre est ouvertement désigné par le nom de *fossés-voleurs* (*cavi-ladri*) ; cela prouve combien, dans cette région, l'eau est considérée comme précieuse pour l'irrigation.

D'après cela, il est facile de comprendre, à combien de soustractions seraient sujettes les eaux abondantes nouvelles, lorsqu'elles seront répandues dans ces terrains, déjà sillonnés par les soustracteurs d'eau, et par conséquent, quels dommages auraient à souffrir la Société concessionnaire, l'Etat, et ceux qui doivent jouir des eaux du nouveau canal, si cette industrie n'était pas contenue dans des limites équitables.

Les dispositions de cette clause ont évidemment ce but, tout en respectant l'ordre de choses établies.

On objectera que la loi commune pourvoie déjà à cet égard. Cette objection n'a pas de force relativement à la Société concessionnaire et à l'Etat, puisque la loi ne peut leur donner aucune action pour empêcher les soustracteurs illicites d'eau, dans la propriété des tiers. D'autre part, d'ailleurs, si la loi peut, jusqu'à un certain point, être valable relativement aux intéressés, ces dispositions spéciales tendent à éviter les innombrables procès, que bien certainement, l'apparition des nouvelles eaux soulèveraient, excitant par leur apparition l'ardeur des propriétaires des *sources-ruisseaux* et des *fossés-recherches*, à améliorer leurs lits, dans le but de les enrichir d'eau, au détriment des irrigations circonvoisines, et en même temps au détriment de la Société concessionnaire, qui souffrirait, dans son débit d'eau, de toute la quantité soustraite par les *sources-ruisseaux* et les *fossés-recherches*.

Le gouvernement considère donc comme essentielle la mesure dont nous parlons.

La convenance et l'opportunité des dispositions contenues dans l'article 40, en vertu desquelles les communes, les provinces et les corps moraux sont autorisés à participer à l'entreprise, ne peuvent échapper à la sagesse du Parlement. Ces dispositions ont pour objet de démontrer aux capitalistes étrangers, qui ont pris la charge de l'entreprise, combien son utilité est appréciée par les populations, à l'avantage desquelles elle à été décidée.

De l'ensemble des clauses de la Convention, il ressort que les intérêts de l'Etat et de l'agriculture ont été rigoureusement sauvegardés, soit dans l'exploitation du nouveau canal, soit dans celle des canaux que l'Etat a cédés à la Société concessionnaire. Cela ressort encore mieux de la clause contenue dans l'art. 23, qui attribue au gouvernement le droit de contrôler la gestion de la Société, et de réduire, si cela était nécessaire, les dépenses qui seraient démontrées excessives.

Par cette concession, le gouvernement atteint deux buts très-importants. Il obtient d'abord, par les moyens de l'industrie privée, l'exécution d'un canal promettant un bel avenir, qu'il n'aurait pu exécuter lui-même dans les circonstances présentes. Et au moyen de la cession des canaux qui lui appartiennent, il vient en aide aux exigences du Trésor, tout en conservant la perspective de devenir propriétaire, après 50 ans, de ces mêmes canaux et du nouveau canal, par l'effet seul de l'amortissement. Il a encore l'espoir bien fondé, que les recettes de la Société convenablement administrées, après quelques années de développement, pourront non-seulement atteindre la garantie de l'intérêt, mais qu'elles arriveront à couvrir la somme annuelle nécessaire à l'amortissement.

Et cela indépendamment de la richesse territoriale, qui pendant ce temps, se sera développée, et de l'augmentation des revenus indirects, dont le montant, tout en faveur de l'Etat, vous a été précédemment démontré.

Ceci n'est pas une simple hypothèse, mais bien un fait dont la réalité ne peut être mise en doute pour peu qu'on réfléchisse à la nature bienfaisante des eaux du Pô.

Ce fleuve, en descendant du mont Viso, parcourt la plaine du haut Piémont, qui est formée d'un profond terrain d'alluvion limoneux, de sa nature très-fertile, et soigneusement cultivé. Il arrose le territoire de Turin, où il reçoit les écoulements de ses riches prairies, et la décharge de tous les immondices des égouts de la ville. Il poursuit son cours et avant d'arriver à Chivasso, il reçoit les eaux des fleuves Dora-Riparia, Stura, Orco et Malone.

Les eaux troubles des crues du Pô deviennent très-riches d'un limon silico-argileux d'une qualité excellente.

Dans tout le parcours du Pô, on a les preuves de la bonté et de l'abondance de ses dépôts.

Après les grandes crues du Pô, on voit des espaces de nu gravier se couvrir, presque par enchantement, d'une forte couche d'alluvion, sur laquelle germent aussitôt les semences des bois qui y ont été déposées avec le limon. La végétation y devient robuste, et on voit se former des bois taillis, qui donnent un rapport nullement inférieur à celui produit par les terrains adjacents, cultivés.

Les ruptures désastreuses qui se produisirent dans les digues longeant le Pô, et les inondations qui en furent la conséquence, tout en laissant dans la mémoire des populations riveraines le souvenir de ces calamités, leur rappellent aussi les compensations qu'elles en eurent, par les récoltes abondantes des années qui suivirent ces désastres.

Les effets, donc, que les eaux du Pô peuvent produire, grâce à leur nature bienfaisante, ne se limitent pas seulement à l'irrigation, mais s'étendent aussi à corriger efficacement la mauvaise constitution des terrains, en faveur desquels ces eaux sont employées.

Le rapport de valeur entre les terrains à culture sèche et ceux à culture arrosée, est, en moyenne, comme 1 à 3.

Dans quelques cas, on a constaté que, par le seul effet de l'irrigation obtenue, des terrains à culture sèche avaient quintuplé de valeur.

Ces cas ne seront pas rares, principalement dans la Lomellina et le Novarais, où l'on voit maintenant, par la nature très-légère des terrains et par le défaut d'eau, des superficies très-étendues de terres réduites en landes abandonnées, broussailleuses et même entièrement désertes.

Dans le Vercellais, l'échange, ou pour mieux dire le mélange des eaux du canal du Pô, avec celles des canaux dérivés de la Dora Baltea, qui parcourent cette province, produira un notable bienfait, en modérant la nature excessivement froide et déprimente des eaux de ce dernier fleuve. Cette nature, elles la doivent à ce qu'elles prennent naissance dans les glaciers éternels du sommet de la vallée d'Aoste et aux sables silico-magnésiens qu'elles entraînent en été, par la désagrégation des chers qu'elles rongent dans leur parcours.

C'est donc avec raison qu'on a pu attribuer au Pô la dénomination de « Nil de la Haute-Italie. »

Pour bien juger la valeur réelle de ces bienfaits, en faveur de l'agriculture, il faut recourir à la preuve éloquente de la comparaison.

Les terrains de la plaine lombarde, si renommés par l'abondance de leurs produits, sont, dans leur nature constitutive, à peu près homogènes avec ceux du Novarais et de la Lomellina.

Ils doivent leur réputation à l'irrigation dont ils sont pourvus par un réseau de canaux, dont les principales dérivations ont lieu du Tesin et de l'Adda, qui parcourent toute cette plaine.

Il est incontestable que les eaux du Pô sont infiniment meilleures que les eaux de ces deux fleuves, soit par l'effet physique du dépôt de leur limon, soit par les éléments de fertilité contenus dans ces limons.

De l'expérience faite de la température, dans le plus fort de l'hiver, et en même temps dans les eaux du Pô à Turin et Chivasso, dans les eaux de la Dora Baltea à Crescentino, dans celles de la Sesia à Verceil, et dans celles du Tesin au pont de Buffalora, celle du Pô ressortit supérieure à celle des eaux du Tesin. C'est cette propriété qui établit l'aptitude de ces eaux à la culture des prés-maraichers, qui sont la formule plus parfaite agricole-économique, et la seule ressource de l'agriculture lombarde en hiver.

On peut donc, sans exagération, pronostiquer à l'agriculture des territoires qui seront arrosés par les eaux du canal du Pô (c'est le plus grand bienfait dont pouvaient être dotés ces territoires), l'avenir le plus riant et le plus prospère.

En Italie, pays éminemment agricole, c'est dans l'agriculture que se trouve la richesse la plus solide et la plus facile à développer. Le moyen le plus prompt pour atteindre ce but, est l'irrigation, grande et belle industrie, le plus puissant des moteurs de tous les progrès de l'économie rurale, et par conséquent de la prospérité la plus réelle du pays ; l'irrigation ayant pour objet d'obtenir de la terre, au moyen d'un bon emploi des eaux, des produits plus abondants, plus variés et plus réguliers, qu'on ne peut obtenir par la culture ordinaire.

L'irrigation seule, répandue dans toutes les régions de l'Italie, peut, sans secousse ruineuse, nous faire surmonter la grande crise que l'ouverture de l'Isthme de Suez prépare à notre agriculture, et nous mettre à même de recueillir les avantages immenses que nous avons le droit d'attendre du percement espéré du Mont-Cenis. C'est par la production des bestiaux et des laitages que notre pays doit se préparer à la forme nouvelle, que doivent prendre les échanges commerciaux, comme conséquence de l'achèvement des deux œuvres merveilleuses que nous venons d'indiquer.

Messieurs, les chemins de fer, instruments de civilisation, facilitent et accélèrent les échanges qui animent le trafic, et dans notre pays, c'est l'agriculture qui doit essentiellement en fournir les éléments. Il faut donc que celle-ci avance d'un pas égal avec les progrès des chemins de fer.

La dépense que l'Etat peut avoir à supporter pour les grands ouvrages d'irrigation, lui rentre transformée et augmentée par toutes les voies qui alimentent le Trésor public. L'Etat vit de la richesse publique ; l'accroissement de celle-ci fait accroître les ressources de l'Etat.

On peut affirmer, sans tomber dans l'exagération, qu'au moyen de l'irrigation l'Italie peut doubler, tripler et augmenter sa richesse dans une proportion même plus forte.

Qu'on ne dise pas que le restant du pays ne tire aucun profit du concours que l'Etat prête à en améliorer une partie. Ce serait une grande erreur, puisque l'augmentation de la richesse d'une partie tend à soulager l'autre partie de l'Etat.

Les anciens Persans, pour favoriser l'agriculture, honorèrent l'irrigation des terres, en accordant des immunités, des priviléges, et des dispenses de certaines charges publiques pendant plusieurs années. Ils cédaient aux particuliers, qui créaient de nouvelles irrigations sur des terres appartenant à l'Etat, la pleine propriété de ces mêmes terres pendant cinq générations consécutives.

Ces encouragements prouvent combien l'importance de l'industrie de l'irrigation était appréciée par ce peuple.

C'est le premier essai auquel le gouverment italien se prépare, en suivant les traces des gouvernements prévoyants des princes de Savoie. Il est sûr de réussir et tout disposé à accorder le même appui partout où, sous les mêmes auspices, s'en présentera l'initiative. C'est pour cela que bientôt on présentera à votre approbation la concession d'un canal à dériver du Tanaro, près de Zélizzano, pour l'amélioration des campagnes, à droite du Pô, entre Alexandrie et Plaisance. Cette concession vient se substituer à celle accordée en 1853, et que ne put effectuer l'industrie privée, qui se trouva dans l'impuissance de la réaliser sans l'appui de l'Etat.

On a aussi entrepris des études pour répandre plus largement l'irrigation en Lombardie, la province la plus avancée dans cette industrie, pour l'amélioration des plaines au-dessus de Milan et de celles de Crémone.

On étudie aussi, pour voir s'il y aurait moyen de porter convenablement l'irrigation dans les plaines de l'Emilie.

Le gouvernement a pris pareillement le soin des anciens aqueducs de Syracuse, en Sicile, se proposant de les rétablir dans toute leur étendue, et d'en améliorer les conditions en faveur de l'agriculture.

En un mot, le gouvernement croit de son devoir, et se propose d'entrer dans cette voie de progrès, pour augmenter la prospérité présente du pays, et lui en assurer les bienfaits pour l'avenir.

Le premier projet qui se présente pour ouvrir cette grande voie, est le projet du canal du Pô, préparé depuis longtemps. Il doit servir à compléter le système d'irrigation d'une partie du pays, qui en est digne, ne fût-ce que par égard aux épreuves cruelles qu'elle dut subir pendant l'invasion autrichienne au commencement de la guerre de 1859.

Avec la profonde confiance, que la faveur des représentants d'un peuple, par tradition et par instincts, essentiellement agricole, ne pourra faire défaut à une entreprise de cette nature, les exposants se font un honneur de soumettre à la sanction du Parlement le projet de loi ci-joint, par lequel on propose la ratification de la concession y relative.

N° 3.

—

PROJET DE LO

JOINT AU RAPPORT.

VICTOR EMMANUEL II,

Par la grâce de Dieu et la volonté nationale, roi d'Italie.

Article premier. — La Convention, en date du 9 mai 1862, conclue, entre les ministres de l'agriculture, de l'industrie, du commerce et des finances, d'une part; et MM. L. Col. William Campbell Buslow, William Walter Cargill, Patrik Douglas Hadow, John Mastermann, Henry Bonnaire, et Edwin Cox Nicholls, d'autre part, pour la construction et l'exploitation d'un canal à dériver du Pô à Chivasso, de même que pour la cession de la disponibilité des canaux domaniaux dérivés de la Dora Baltea, et de la Sesia, est approuvée.

Art. 2. — A partir du jour de la publication de la loi, approuvant la présente concession, il est interdit, sur toute l'étendue du territoire accessible aux eaux du nouveau canal, d'ouvrir de nouvelles *sources-ruisseaux* (*fontanili*) courant dans des tranchées, de même que d'approfondir, ou d'élargir, au delà de leurs limites actuelles, celles qui existent déjà.

Les contraventions à ces dispositions seront passibles d'une amende de cinq cents à mille livres, et cela en sus de l'obligation pour les contrevenants de remettre les choses dans leur état primitif, et des dommages-intérêts envers qui de droit.

Art. 3. — Les communes, les provinces et les corps moraux, sont autorisés à souscrire le nombre d'actions et d'obligations qui serait jugé opportun, afin de faciliter l'exécution de la concession dont il s'agit.

A cet effet, ils pourront contracter les emprunts dont ils pourraient avoir besoin, pour faire face au paiement des actions et des obligations sus dites, en engageant leurs bilans pour plus de cinq ans à venir, pour le service des intérêts relatifs, et le remboursement du capital, en excédant, s'il était nécessaire, la limite normale de leurs impôts spéciaux.

N° 4.

—

RAPPORT

Fait par le Ministre de l'Agriculture, du Commerce et de l'Industrie, au Sénat du royaume, en présentant la loi pour la concession de la construction d'un canal d'irrigation à dériver du Pô à Chivasso, à travers les terres du Verceillais, du Casalais, Novara et de la Lomellina, et pour la cession des canaux domaniaux, dérivés de la Dora Baltea et Sesia, loi adoptée par la Chambre des députés le 30 juillet.

Messieurs les Sénateurs,

La production territoriale des provinces situées dans la zone comprise entre les fleuves Sesia et Tesin, s'est toujours trouvée dans des conditions assez précaires, cette vaste surface n'étant pourvue qu'en très-petite part de moyens assurant l'irrigation.

Depuis longtemps, le gouvernement se préoccupait sérieusement de trouver les moyens de parer à un si grand dommage pour la richesse publique et privée, et à plusieurs reprises, il avait entrepris des études pour la dérivation d'un canal qui, puisant ses eaux du fleuve principal du royaume, devait porter le bienfait de l'irrigation à ces plaines altérées.

Les études terminées et le projet de dérivation publié dès 1854, il ne pouvait être mis en doute par le gouvernement que c'était à lui de prendre l'initiative pour son exécution, les grands canaux d'irrigation étant des travaux d'une véritable utilité publique. Mais les circonstances que tout le monde connaît ont empêché l'exécution de ce projet, qu'on voudrait activer par la demande qui en a été faite récemment par une Société de capitalistes anglais.

L'importance et la nécessité de cette entreprise colossale ; les produits directs et indirects qui en dériveront pour le Trésor public ; la valeur des terrains, doublée et quelquefois même quintuplée par le changement de la culture sèche, en culture d'irrigation, avec augmentation de la fortune privée et publique, sont des arguments qui ont été amplement développés dans l'autre branche du Parlement, où le projet de loi pour cette concession a été favorablement accueilli.

Le rapporteur a l'honneur de soumettre à votre approbation ce projet de loi, avec la confiance inébranlable qu'un accueil aussi favorable lui sera fait par cette partie de la représentation nationale.

N° 5,

—

SÉNAT DU ROYAUME.

—

RAPPORT

Du bureau central composé des sénateurs Lauzi, Gallina, Pernati, Martinengo *et* Pallavacini Fabio, *sur le projet de loi pour la construction d'un canal d'irrigation à dériver du Pô et autres dispositions y relatives.*

Messieurs les Sénateurs,

Le but que le gouvernement se propose par le projet de loi qui est soumis à vos délibérations, est de tirer un parti utile des eaux du Pô, et, en les dérivant du fleuve près de Chivasso, de les employer à l'irrigation d'une vaste superficie de terrains dans les circonscriptions de Verceil, Casal, Novara et Lomellina. Le système qu'on a choisi à cette fin consisterait dans une combinaison de conditions établies avec une Société, par lesquelles celle-ci se chargerait de tout le capital nécessaire, qui a été évalué à 80 millions de livres pour acquérir la disponibilité des canaux domaniaux et autres appartenant à des particuliers, et pour exécuter les tra vaux d'extraction, de conduite et la répartition des eaux d'irrigation. Le gouvernement, de son côté, prendrait l'obligation de garantir un intérêt annuel de 6 0/0 sur la somme indiquée, ainsi que son amortissement dans l'espace de cinquante ans, terme de la durée de la concession. Celle-ci échue, le tout redeviendrait propriété de l'Etat sans aucune compensation.

Le Sénat ne pouvait faire moins que d'applaudir à la pensée du ministère de rendre productives les eaux du Pô et de les employer au bienfait de l'agriculture.

C'est véritablement un excellent projet que celui d'augmenter, par ce moyen, la richesse du pays et d'encourager, comme elle le mérite, l'industrie agricole, car c'est à elle, plus qu'à toute autre, qu'il faut reconnaître la puissance de moraliser les peuples, de fournir les meilleurs soldats aux armées, et lorsque, par des circonstances critiques, il semble presque, que, dans les moments de besoins pressants, l'aide des arts et du commerce fasse défaut, c'est encore elle qui donne le plus sûr appui aux finances.

L'opinion pourtant de vos bureaux se trouva partagée lorsqu'on examinera attentivement la convention stipulée par le gouvernement; on souleva des doutes, on fit des observations qu'il est de notre devoir de vous résumer, en y ajoutant le résultat produit par nos discussions, et les conclusions prises par le bureau central.

Avant tout, le contrat entendu a paru dans son ensemble trop lourd aux finances et il a paru qu'il était peu opportun de le stipuler dans le moment actuel, puisque les embarras du Trésor public sont trop connus, ainsi que les conditions défavorables dans lesquelles se trouve l'esprit de spéculation, par la méfiance des capitaux et du crédit en général, et plus spécialement dans nos provinces italiennes.

On a craint, en outre, par les déclarations faites par le ministère, dans son rapport à la Chambre des députés, et par les termes trop larges avec lesquels a été conçu l'ordre du jour, voté tantôt par l'autre branche du Parlement, on a craint, dis-je, de voir le gouvernement se jeter dans la voie de ces grandioses entreprises avec une facilité qui pourrait compromettre les finances de l'Etat, étant à préférer, par principe, qu'elles soient abandonnées à l'industrie privée.

Mais il a été opposé, et il a semblé démontré au bureau central (principalement après les explications verbales fournies par l'illustre auteur du projet, M. le chevalier ingénieur Noé), que le capital correspondant aux travaux dont se chargent les concessionnaires, ne laisse qu'une rémunération assez modérée, et qu'on a, du reste, établi des conditions capables d'assurer une bonne exécution des travaux; que, quant à l'intérêt annuel de 6 0/0 du capital, qu'on garantit à la Société, il n'est pas excessif, puisqu'il est inférieur de 1 0/0 à peu près à l'intérêt de la dette publique; que si les conditions de celle-ci venaient à s'améliorer au point de porter la rente à un taux inférieur à 5 0/0, le Trésor, après un espace de vingt-cinq ans, pourra racheter utilement la concession, ce qui lui conviendrait également de faire dans le cas où les produits du canal viendraient à dépasser 6 0/0, et la rente ne dépasserait pas 5 0/0.

Relativement au montant de la garantie de l'intérêt annuel, accordée à la Société, sans refaire les calculs déjà discutés à la Chambre des députés et par la presse, on peut présumer, avec quelque fondement, que le gouvernement, par le rôle qu'on lui a laissé d'approuver ou d'établir les prix de location de l'eau distribuée du canal, pourra toujours se procurer les éléments les plus positifs de calcul, même en recevant le sentiment des conseils provinciaux respectifs, pour déterminer la valeur de l'eau selon les circonstances et pour en tenir le prix à un taux assez équitable, et convenable en même temps, à l'intérêt des finances. Que si, par la disposition de l'art. 44 du cahier des charges annexé à la loi du 3 juillet 1853, on a assuré la jouissance de l'eau provenant du Pô, en substitution de celle de la Dora, avec une augmentation seulement d'un quart sur le prix convenu, à 800 livres le module, en faveur de la Société d'irrigation à l'ouest de la Sesia, dont il est question dans cette loi, on devra faire une augmentation bien plus considérable pour les autres intéressés auxquels on n'a pas promis cette substitution. D'après les calculs demandés à M. le chevalier Noé, on peut évaluer cette augmentation à 60,000 livres à peu près par an, qui devront être ajoutées aux calculs précédemment établis.

Je dois ajouter que le bureau central, en désirant que le gouvernemeut soit en mesure d'exercer efficacement le droit de surveillance et de contrôle qui lui est attribué par l'article 23 de la convention, a obtenu du fonctionnaire susdit, au nom du ministère, l'assurance que dans le cahier des charges pour l'exécution de la convention, prescrit par l'art. 43, on donnera à son intervention, dans l'examen de l'administration sociale, un développement convenable. En effet, s'il est juste que la surveillance du gouvernement sur les sociétés doive en général se tenir en dehors de tout ce qui regarde l'appréciation de leurs intérêts particuliers, dans le cas présent il n'en est pas de même, puisque aux intérêts de la Société se trouvent mêlés des intérêts très importants pour les finances, lesquelles étant toujours propriétaires des canaux et de l'eau donnés en jouissance, ne sont pas moins tenues, pour un grand nombre d'années, et sans doute d'une manière qui n'est pas seulement nominale, à contribuer au payement des intérêts et du fonds d'amortissement.

Quant à l'objection relative au défaut d'opportunité de cette concession, dans des moments si difficiles pour le Trésor national et pour le crédit public, le bureau central a réfléchi que le projet du canal n'est pas récent, mais qu'il est ancien, et a été prévu dans la loi, déjà citée, du 3 juillet 1853. Que ce projet a été tellement maintenu présent aux populations des quatre circonscriptions importantes : de Verceil, Casal, Novara et Lomellina, que l'opinion publique, dans ces pays, n'a jamais cessé d'en solliciter l'exécution par les vœux les plus persistants. Non-seulement elles la sollicitaient par des vœux, mais elles y ont poussé, en souscrivant, dans quelques semaines à peine, 10 millions à peu près du capital en obligations. Cette souscription, faite en grande partie par les corps moraux, servira à consolider l'entreprise, puisqu'elle soustrait le capital correspondant aux oscillations trop faciles et aux jeux de bourse.

Il semble donc que le gouvernement ne pouvait raisonnablement différer de donner cours à ce projet de loi, puisqu'il avait reçu la demande d'une société sérieuse et solide qui s'en chargeait.

Comme la garantie de l'intérêt est de 1 0/0 inférieure à l'intérêt de la rente, on ne saurait, en vérité, si on pourrait, quand la rente s'améliorerait, trouver un taux qui présentât une condition si favorable, c'est-à-dire une différence au moins supérieure à 1 0/0. En face des conditions de notre crédit, on ne peut nier l'opportunité actuelle d'attirer, de l'Angleterre, les capitaux nécessaires à cette entreprise, en diminuant le concours des capitaux nationaux pour son exécution, puisque les capitaux, en ce moment, abondent en Angleterre, et que la baisse de nos cours contribue à en faciliter l'emploi en Italie. Que si l'Etat fait même des sacrifices, il faut considérer que les travaux d'utilité publique s'exécutent ordinairement, comme on dit, à fonds perdu. Ici, par contre, on crée pour l'Etat un grand réseau de canaux, lesquels, dans un temps non éloigné, donneront, en sus des produits et avantages qui sont communs à tous les travaux publics, un revenu assez considérable par la location de l'eau, qui développera une production territoriale bien plus grande, évaluée à 10 millions par an, à peu près, les frais déduits. Enfin, on ne doit pas passer sous silence que si l'Etat concourt à répandre le bienfait de l'irrigation dans ces champs et parmi ces populations, il acquittera ainsi une dette presque d'honneur, car c'est sur ces champs et parmi ces populations qu'on a livré les glorieuses batailles de 1849 et 1859, lesquelles, avec des sacrifices très considérables, ont préparé et conquis l'indépendance de notre patrie commune.

Ces considérations générales ont conduit votre bureau central à considérer cette proposition comme admissible dans son ensemble, sans trop se préoccuper des craintes d'un entraînement trop facile, de la part du gouvernement, à pousser trop vivement à l'exécution de semblables projets, de canaux d'irrigation et de navigation, à charge aux finances. La sagesse même du gouvernement et du Parlement saura certainement les contenir dans les justes limites d'une proportion équitable, entre les moyens du Trésor et le profit à en tirer.

Cela admis, et sans s'étendre, messieurs les Sénateurs, à vous rendre compte des réflexions particulières faites, des explications qui lui furent données, au nom du gouvernement, le bureau central vous indiquera seulement comment son attention s'est particulièrement arrêtée sur les dispositions de l'art. 39 de la convention rappelées dans l'art. 2 de la loi. Ces deux articles établissent des distances de 300 mètres, 200 et 100 mètres, relativement aux canaux et à leurs principaux embranchements, dans la limite desquelles : « sont interdits l'ouverture de nouvelles sources, ruisseaux courants dans des tranchées, » l'approfondissement ou l'élargissement, au-delà de leurs » limites actuelles, de celles qui seraient déjà ouvertes, » sauf les droits acquis sur les propriétés d'autrui à » l'époque de la promulgation de la loi. »

Cette condition, qui blesse le droit de propriété, a été reconnue très lourde. Et si le bureau, non sans regret, se résignait à l'admettre pour éviter de graves dommages, et de nombreux et fréquents procès, il a voulu néanmoins obtenir quelques explications qui pussent donner à cette condition un sens précis, pour en rendre moins difficile l'application pratique. Il l'a voulu, d'autant plus que cela était demandé par des mémoires présentés au Sénat, au nom de la bien méritante association agraire, et autres, afin qu'on éloignât tous les doutes, que cette défense pouvait s'étendre au drainage, dont le besoin peut se présenter justement pour assainir les terres des infiltrations excessives que ce nouveau réseau de canaux pourrait produire. Le bureau a obtenu de l'auteur du projet, l'ingénieur chevalier Noé, la déclaration suivante, à laquelle, il assure, adhéreraient les concessionnaires, et qui serait, par conséquent, textuellement insérée dans le cahier des charges de l'exécution. La voici : « Par sources ruis- » seaux courants dans des tranchées dont il est fait » mention à l'article 39 de la convention, on doit en-

4

» tendre, dans le sens restreint, les travaux en déblai à » ciel découvert, dans le but d'activer les yeux de fon- » taines. »

Le bureau central a trouvé satisfaisante cette définition restrictive des termes qui n'étaient pas assez clairs dans l'article dont il est question. Il espère qu'étant agréée par le Sénat, le ministère voudra prendre devant lui l'engagement formel de l'insérer dans le cahier des charges pour l'exécution de la convention.

Il reste une dernière considération qui nous a été suggérée, par l'examen de l'article 26, dans lequel il est dit, que la Société devra remettre au gouvernement, à l'époque de l'échéance de la concession, tous les objets qui y sont relatifs dans un bon état de conservation, matérielle et juridique. Lorsque le terme de la concession serait proche, il pourrait devenir nécessaire de faire des réparations aux édifices, ou des dépenses quelconques à charge de la Société; celle-ci par l'effet de l'amortissement et la caution primitive lui ayant été restituée depuis longtemps, aux termes de l'article 41, ne se trouverait plus financièrement représentée que par un capital très faible. Comme il est dans la nature, principalement de ces contrats, qu'il n'y a pas d'obligation, sans une disposition qui en garantisse d'une manière positive l'exécution, le représentant du gouvernement a été invité à nous indiquer comment on pourvoierait à cette occurrence. Il nous a assuré, et nous ne doutons pas que le ministère répétera au Sénat cette assurance, que dans le cahier des charges on déterminera la garantie que la Société devra donner, pour la réparation des dommages qui pourraient être dus à l'Etat, à l'échéance de la concession, en vertu de la convention, et spécialement de l'article 26 sus-mentionné.

Comme conclusion de ces quelques aperçus, sur l'examen que votre bureau central a fait, du projet de loi qui vous est soumis, il a l'honneur de vous proposer de vouloir lui accorder votre suffrage favorable pour son adoption, sans aucune modification, mais en prenant acte des déclarations que le Ministère vous fera, eu égard à ce que nous vous avons indiqué, et qui devront se traduire par des dispositions expresses dans le cahier des charges, c'est-à-dire :

1o Sur la signification à donner aux mots *sources-ruisseaux* (*fontanili*) pour les effets de la prohibition portée par l'art. 39 de la convention, dans les termes exprimés plus haut dont s'est servi l'ingénieur chevalier Noé;

2o Sur la garantie qui sera déterminée pour assurer l'exécution des dépenses et des compensations qui seraient nécessaires dans les dernières années, ou à l'échéance de la concession ;

3o Sur les dispositions que l'on devra prendre, pour qu'elles soient connues en temps utile, pour servir de règle nécessaire aux propriétaires qui désireront des concessions d'eau, les bases qu'on voudra adopter pour fixer le prix de l'eau, en s'éclairant même des vœux des représentations provinciales.

Le 11 août 1862.

PERNATI, *rapporteur*.

N° 6.

—

SÉANCE DU SÉNAT DU 14 AOUT 1862.

—

DISCUSSION

sur le projet de loi pour la concession de la construction d'un canal d'irrigation à dériver du Pô.

M. le président. — L'ordre du jour porte la discussion du projet de loi pour la concession de la construction d'un canal d'irrigation à dériver du Pô.

Je lis le projet de loi :

« Art. 1er. La convention, en date du 9 mai 1862, passée entre les Ministres de l'Agriculture, du Commerce, de l'Industrie et des Finances d'une part, et de MM. L. Col. William, Campbell Onslow, William Walter Cargill, Patrick Douglas Hadow, John Mastermann, Henri Bonnaire et Edwin Cox Nicholls, de l'autre, pour la construction et pour l'exploitation d'un canal à dériver du Pô à Chivasso, de même que pour la cession de la disponibilité des canaux domaniaux dérivés de la Dora Baltea et de la Sesia, est approuvée avec les modifications qui y sont notées et qui ont déjà été consenties par les concessionnaires.

» Art. 2. Sur toute l'étendue du territoire traversé par les canaux de la Société, dans les limites de 300 mètres du nouveau canal du Pô. et des canaux domaniaux cédés à la Société, de 200 mètres des canaux de dérivation de propriété privée que la Société acquierrait, et de 100 mètres des embranchements principaux se détachant des canaux susdits de la Société concessionnaire, il est défendu d'ouvrir de nouvelles *sources-ruisseaux* (*fontanili*) courant dans des tranchées, et d'approfondir ou élargir au delà de leurs limites actuelles celles qui se trouvent déjà ouvertes, sauf les droits acquis sur les propriétés d'autrui à l'époque de la promulgation de la loi présente.

» La prohibition par rapport aux canaux déjà existants aura son effet du jour de la publication de la présente loi; par rapport aux nouveaux, du jour du tracement de chacun d'eux.

» Les contraventions à ces dispositions sont passibles d'une amende de cinq cents à mille livres, et cela en outre de l'obligation pour le contrevenant de remettre les choses dans leur état primitif et des dommages-intérêts envers qui de droit.

» Art. 3. Les communes, les provinces et les corporations morales sont autorisées à souscrire, sauf approbation de la loi communale et provinciale, le nombre d'actions ou d'obligations qu'elles jugeraient opportun, afin de faciliter l'exécution de la concession dont il s'agit, en contractant les emprunts dont elles pourraient avoir besoin pour faire face au paiement des actions et obligations susdites, et en engageant leurs budgets pour plus de trois ans à l'avenir, pour le service des intérêts y relatifs et le remboursement du capital, en excédant, s'il le faut, la limite normale de leur impôt spécial.

» Art. 4. Le canal, objet de la présente loi, prendra le nom de Canal Cavour. »

La discussion générale est ouverte.

M. Jacquemond, sénateur. — Je demande la parole.

M. le président. — Vous avez la parole.

M. Jacquemond, sénateur. — Il est regrettable, qu'une lo de cette importance, qui doit causer à l'Etat une dépense de

80 millions, et peut-être le double de cette somme considérable, soit discutée dans un moment où les séances de l'autre branche du Parlement étant suspendues, il devient impossible de pouvoir y introduire quelque modification sans en retarder l'exécution.

Mais heureusement cette loi est de celles qui peuvent être retardées de quelques mois, attendu que ce projet de canalisation date de 1853, et que l'on donne aux concessionnaires quatre ans de temps pour exécuter les travaux, avec six mois pour les commencer ; donc un retard de trois mois, n'aurait pas de graves inconvénients.

Je commence par déclarer sincèrement, que je reconnais l'utilité économique de la canalisation proposée ; que je ne doute nullement ni de la solvabilité, ni de l'honorabilité des concessionnaires. Mais pour que cette entreprise, très-louable, puisse produire tous les avantages qu'on désire, il est nécessaire que la concession ne soit pas faite, dans des conditions trop lourdes pour le trésor, pour les communes et pour les provinces qui sont intéressées à l'exécution de ces travaux. Je désire, par conséquent, obtenir la solution de plusieurs doutes qui se présentent à mon esprit dans la convention. Du reste, une loi de cette importance ne peut pas être votée par le Sénat, sans une discussion sérieuse.

Le contrat avec les concessionnaires me semble lésif pour les finances.

En premier lieu, les finances vendent pour 20,300,000 liv. les canaux domaniaux à la Compagnie ; mais le Trésor, en réalité, ne reçoit que 19,400,000 livres. Ces canaux ne rapportent que 900,000 livres, mais le gouvernement s'engage à y ajouter plus de 300,000 livres par an, puisqu'il garantit l'intérêt à six pour cent, outre trois pour cent pour l'amortissement du capital entier.

En outre, la dépense de cette canalisation, qui avait été calculée à 35 millions en 1853, a été évaluée en 1862, à vingt pour cent en sus, sauf une nouvelle expertise, et on y a ajouté 2 millions à peu près pour les dépenses imprévues, de façon que maintenant la dépense pour achever l'entreprise a été portée de 35 à 53,400,000 livres.

Dans cet état de choses, il faut établir un calcul comparatif, entre le capital que l'Etat doit dépenser pour se procurer les avantages promis par ce nouveau canal, et les bénéfices qui en peuvent dériver. Or, l'Etat se trouve en premier lieu chargé d'une dépense de 80 millions, puisque annuellement il doit donner une somme pour l'amortissement de ce capital ; en second lieu, il s'est engagé à donner une garantie d'intérêt de six pour cent des produits nets de la location de l'eau. Dans les premières années, il devra suppléer annuellement deux ou trois millions, et en moyenne probablement, cent millions en cinquante ans. Admettons seulement la moitié, c'est-à-dire cinquante millions, il n'en sera pas moins vrai qu'une canalisation qui devait se faire avec une dépense de 35 millions, aura coûté à l'Etat, au moins 130 millions, c'est-à-dire plus de trois fois la dépense calculée en 1853.

Outre cela, il y a dans la convention quelques articles qui ne me semblent pas très-clairs, et sur lesquels je crois devoir appeler l'attention du Sénat, et des explications de la part du ministère.

Premièrement, je ne vois aucune limite établie pour les dépenses d'exploitation et d'administration, dont il est question à l'article 33 de la convention ; on ne peut par conséquent prévoir jusqu'où l'Etat devra suppléer aux intérêts, puisque l'intérêt au quel le Trésor doit suppléer sera plus grand ou moindre, selon que ces dépenses seront plus ou moins considérables.

En second lieu, ces travaux ont été donnés à forfait sur une vaste échelle, c'est-à-dire pour 53,400,000 livres, de façon que s'ils sont exécutés avec une dépense moindre, l'Etat n'en aura aucun avantage, et sera toujours obligé à payer les intérêts sur le capital de 53,400,000 livres.

Troisièmement (et cette observation me semble avoir une grande importance), on n'a pas déterminé comment l'amortissement serait payé. Trois ou quatre générations d'administrateurs, passeront peut-être, et qui peut répondre si, après les 50 ans (terme de la concession), on trouvera dans les caisses de l'administration les 80 millions qui devront être donnés aux actionnaires et aux porteurs d'obligations.

Mon observation acquiert d'autant plus de poids, de ce que le gouvernement s'est engagé vis-à-vis de la Société à autoriser les provinces, les communes, et autres corporations morales, à prendre des actions et des obligations.

L'Etat doit donc prendre les précautions nécessaires pour que le capital fourni par ces corporations morales, ne soit exposé à aucun risque, et qu'il soit remboursé intégralement par la Société, à l'expiration des cinquante années.

Par ces considérations, il serait très-nécessaire de déterminer clairement le sens de plusieurs articles de la convention.

J'adopte les conclusions du bureau central: mais le gouvernement n'est qu'une partie dans la convention, et ses déclarations seraient insuffisantes si elles n'étaient pas acceptées par les concessionnaires.

Il me semble donc qu'il serait plus sage de renvoyer la discussion de cette loi à la prochaine réunion des Chambres. Je fais par conséquent une proposition suspensive, en me réservant de proposer des amendements à la convention, si cette proposition suspensive n'est pas adoptée, et si les éclaircissements que j'ai demandés, ne sont pas suffisants pour me convaincre de l'opportunité de la loi dont il s'agit.

M. le président.—Je demande au Sénat s'il appuie la proposition suspensive que le sénateur Jacquemond a faite.

Que ceux qui veulent l'appuyer se lèvent. (Elle est appuyée.)

M. Gioia, sénateur. — Je demande la parole.

M. le président. — Le sénateur Gioia a la parole.

M. Gioia, sénateur. — Le projet de loi actuel a soulevé des objections et des difficultés graves qui me paraissent mériter d'occuper pour quelque temps votre attention.

Je dirai très-peu de mots avec la clarté et la simplicité que l'importance de l'argument exige.

Avant tout, Messieurs, je ne saurais cacher l'impression pénible que j'ai éprouvée en moi-même en lisant seulement les noms des individus avec lesquels la convention a été stipulée, noms exotiques tous et dont pas un ne peut se prononcer en italien. Je me suis dit en moi-même : Ces Messieurs ne peuvent guère s'intéresser à ce que nos terres soient arrosées ou que les eaux du Pô se détournent à Chivasso plutôt que de descendre aux lagunes. Ce serait leur faire beaucoup de tort que d'imaginer que c'est par amour pour nous qu'ils se chargent de ce grand tracas.

Leur entreprise est une entreprise de spéculation largement rétribuée.

Or, puisqu'il s'agit ici d'une entreprise éminemment nationale et qui doit produire un grand bienfait, on se demande tout naturellement pourquoi on n'a pas essayé avec soin et avant tout de trouver des mains, des capitaux et des intelligences italiennes pour l'exécuter?... Je sais la réponse qu'on va me faire : Chez nous, les capitaux font défaut, et il manque encore plus cette confiance mutuelle indispensable à la vie et à la puissance des associations. Mais, ô Messieurs, soyez certains que si ces capitaux manquent aujourd'hui, ils ne manqueront plus demain, tellement est prochain l'éveil en Italie de tout ce qui constitue une entreprise généreuse et grande. C'est pourquoi j'avoue qu'étant à la place des ministres, j'aurais laissé volontiers que le Pô continue pour quelque temps encore à couler ses eaux à Venise, plutôt que d'accueillir des personnes étrangères pour dessiner et gouverner l'irrigation de nos terres.

Dans des temps où les capitaux et les appuis scientifiques étaient très-rares, qu'est-ce que la Lombardie n'a pas su faire pour procurer à ses terres des irrigations certaines et abondantes? Ses travaux hydrauliques sont encore aujourd'hui un argument d'admiration et d'étude. « Tout ce qui regarde l'irrigation (dit avec raison Jacini dans son livre sur la propriété foncière en Lombardie) et spécialement son économie, a été parmi nous étudié et appliqué d'une manière exemplaire, et nous donne une suprématie qu'aucun étranger ne peut de bonne foi nous contester. Les dépenses faites dans ce but, dit le même écrivain, ne peuvent être estimées à moins d'un milliard qui, en tenant compte des temps, équivaudrait aujourd'hui à deux fois autant. »

Cela a été fait par des Italiens d'une province qui n'est pas très-vaste, par des moyens et des forces qui lui étaient propres, sans qu'il vînt à l'idée de personne de demander des secours venant d'au-delà des Alpes ou d'outre-mer.

Et maintenant que nous nous sommes faits une grande et puissante nation, maintenant que, par des efforts prodigieux, nous avons secoué le joug de toute servitude politique, nous irions légèrement nous soumettre à une servitude économique sous beaucoup de rapports non moins lourde et qui devra durer un demi-siècle !

Messieurs, ces Sociétés extra-puissantes qui s'introduisent chez nous, armées des richesses et des orgueils de la nation à laquelle elles appartiennent, ne me font espérer rien de bon. Nous aurons des pressions et des tracas sans fin, et nos descendants (puisque en cinquante ans les descendants y entrent) ne nous loueront certainement pas d'avoir mis entre les mains des étrangers ce qu'une nation a de plus familier et de plus à soi, la culture et l'irrigation de ses terres !

Mais laissons les personnes et examinons brièvement les instruments et les moyens assignés à cette entreprise.

Il n'est pas nécessaire, Messieurs, que je vous démontre l'étendue immense de l'entreprise qu'il s'agit de mettre en œuvre. Le travail matériel est immense, mais le travail intellectuel n'est pas moindre par la difficulté très-grande de coordonner l'œuvre aux besoins, et de concilier sur une vaste étendue de territoire les intérêts contraires ou divergents qui se présenteront sous mille formes jalouses et persistantes au delà de ce que l'on peut dire ou imaginer.

Or, cette entreprise, que je n'hésite pas à nommer colossale, à qui et entre quelles mains est-elle donnée ?... Elle est donnée à une Société anonyme qui ne court aucun risque, et qui peut se bercer tranquillement dans la certitude de recevoir le six pour cent de ses capitaux, outre la quote part annuelle d'amortissement.

Quelle vie donc et quelle vigueur peut-on espérer dans un instrument pareil, auquel fera défaut toute espèce d'impulsion et d'aiguillon ?

Les Sociétés anonymes (en général) représentent ce qu'il y a de plus stupide et de plus impuissant au monde, même quand leurs propres intérêts sont en jeu. Imaginez maintenant ce que ce sera lorsque, même en faisant peu de mal, elles trouveront dans le gouvernement le restaurateur généreux et inépuisable de leur négligence !

Vous rappelez-vous, Messieurs, la transatlantique de Gênes? Elle a dévoré jusqu'à sa dernière obole, à peu près 11 millions, sans que personne s'en soit ému et sans voir s'amoindrir cette confiance bienheureuse qui est l'attribut de cette espèce d'actionnaires.

A la Société transatlantique, vous pouvez en ajouter cent autres, mortes en fort peu de temps pour deux causes qui y contribuent toujours : l'infidélité et l'ignorance. La liste, malheureusement, en est longue et douloureuse ! Dans le cas présent, on peut imaginer facilement que les prédestinés auront d'énormes bénéfices. Les digues, les ponts, les canaux, les acqueducs, toute cette immense série de travaux nécessaires à créer une vaste irrigation, serviront à enrichir les quelques heureux qui y ont les mains immédiatement et directement. Mais il faut être dans un état bien près de l'innocence, pour croire que l'entreprise sera conduite avec attention, avec zèle, avec une appréciation impartiale de tous les intérêts, et dans des conditions de durée et de solidité profondément discutées.

Quant à moi, je le déclare ouvertement, je n'ai aucune foi dans cette combinaison, dans laquelle je ne vois qu'une spéculation âpre et indomptée, qui n'est vivifiée par aucun souffle de patriotisme, ni mitigée par aucun sentiment d'affection ou d'intérêt national.

Mais il faut toutefois rendre quelque justice au ministère. Lui-même doute et craint, autant que nous doutons et craignons nous-mêmes ; et sous le point de vue de manquer de franchise, il est notre égal ou nous dépasse. Effectivement, dans la convention, il y a une série d'articles dans lesquels on dit : « Que la Société devra soumettre à l'approbation du gouvernement les projets de tous les travaux examinés dans la convention (art. 22). Que, au gouvernement appartient le droit de surveiller l'exécution des travaux, et de les faire ensuite vérifier (art. 22) ; qu'il lui est accordé la faculté de faire exécuter tous les travaux supplémentaires qui seraient nécessaires pour assurer la dérivation constante de l'eau du canal (art. 22) ; qu'enfin lui appartient aussi le droit de veiller à la bonne exploitation de ce qui forme l'objet de la convention, comme aussi de contrôler la gestion de la Société dans sa partie économique. »

Mais, Messieurs, ces dispositions, qui, sous un certain point de vue, vous semblent justes et nécessaires, renferment au fond la critique la plus sévère qu'on pût jamais faire au projet en question.

En vérité, il faut que le gouvernement soit bien oisif, il faut qu'il ait bien d'habileté et de promptitude administrative, pour que, ses propres affaires ne lui suffisant pas, il puisse assumer encore le contrôle administratif d'une entreprise étendue, complexe, pleine d'accidents, d'ennuis, de dangers, de recherches très-compliquées. Pourquoi se jeter dans ce tourbillon épouvantable, en assumant la haute surveillance, et par conséquent la haute responsabilité de tout ce qui peut arriver ?

On dit : le gouvernement nommera des inspecteurs qui le représenteront. Soyons de bon compte, Messieurs ! Peut-on espérer avec quelque fondement que quelques individus, supposons-les très-habiles, puissent lutter avec succès contre une Société étrangère, soutenue par des protections diplomatiques et riche de 80 millions ? N'est-il pas évident qu'ils trouveront plus simple et peut-être plus commode et utile de ne pas s'user dans des luttes qui, presque toujours, seraient infructueuses ? J'entends souvent répéter qu'il faut vendre les biens nationaux, parce que le gouvernement est le pire des administrateurs. Ici (voyez l'inconséquence), il entrerait dans cette espèce de *pandemonium* avec la qualité franchement avouée de *contrôleur économique!*

Mais cherchons enfin de plus près les conditions intimes du contrat. En principe et en thèse générale, je crois, Messieurs, que le gouvernement devrait laisser les possesseurs des terres s'arranger eux-mêmes pour les améliorer et en augmenter la production. Un gouvernement costumé en cultivateur ou celui qui arrose me fait l'effet d'une apparition fantastique, d'un être incompréhensible et étrange. Je ne le reconnais pas sous ces dépouilles qui ne sont pas les siennes, et je ne me sens pas disposé à l'applaudir.

Je ne veux pas nier que, dans quelques cas, mais ils doivent être très-rares, il ne puisse être appelé à donner des subsides pour aider l'industrie, pour des entreprises extraordinairement grandes qu'elles ne pourraient se conduire à bonne fin par elles-mêmes. Mais cet aide ne peut sensément être donné que de deux manières : ou au moyen de subsides déterminés et clairement assignés, ou par des avances remboursables dans un temps plus ou moins long. Mais se mêler de la spéculation même et vouloir en subir les conséquences malheureuses, et déclarer que dans cinquante ans on soldera tout bonnement les pertes et les fautes d'une administration qui peut être déloyale et désordonnée, c'est vraiment une pensée qu'on ne peut concevoir sans tristesse et découragement, tellement l'énorme gaspillage de la fortune publique qui en peut résulter est évident.

Non-seulement il y a dommage et perte, mais encore une injustice réelle et flagrante. Parce que, qui est-ce, en fin de comptes, qui paie ces dépenses destinées à une zône étroite du territoire national ? Il n'y a pas de doute, ce sont les contribuables et particulièrement les possesseurs des autres terres auxquelles cette irrigation ne profite pas. Or vous semble-t-il que cela soit juste ?

Je sais que l'Etat est presque une grande association de secours mutuels, dans laquelle les secours se donnent et se reçoivent tout à tour. Mais « *est modus in rebus ; sunt certi denique fines, quos ultra citraque nequit consistere rectum.* » S'il s'agissait de subsides connus, déterminés, remboursables, je n'aurais rien à dire, et je souscrirais avec joie aux propositions. Mais se lancer dans l'inconnu et assumer un engagement obscur, illimité, et durable cinquante ans me semble une énormité à laquelle ne peuvent se plier ni les règles de la justice ni celles de l'économie.

D'autre part, qui est-ce qui peut mesurer les conséquences de ce désastreux précédent? Dans la Toscane, en Lombardie, dans les Romagnes, dans le Napolitain, en Calabre, en Sicile, en Sardaigne, de tous les côtés de l'Italie, on indique, et justement en fait d'irrigation, on espère des améliorations importantes qui pourraient facilement être faites avec l'intervention du gouvernement.

Or, que ferons-nous, si, comme j'ai déjà entendu dire qu'on en cause dans les différentes parties de la Sicile, nous sommes appelés pour des interventions du gouvernement? Refuserons-nous? Mais alors on crierait à l'injustice et au traitement inégal. Accorderons-nous? Dix Californies ne suffiraient pas à l'étendue de l'entreprise. Et tandis que nous avons besoin de soldats, de vaisseaux et d'armes, les revenus de l'Etat seraient dépensés pour d'autres buts, très-convenables certainement, pour des temps pacifiques et des budgets normaux, mais tout à fait inopportuns lorsqu'on a besoin de recueillir toutes ses forces pour soutenir les dernières batailles de notre indépendance.

Messieurs, je ne suis pas à même d'affirmer d'une manière précise les pertes auxquelles nous nous exposons en adoptant ce projet, mais malheureusement je ne me trompe pas en affirmant qu'elles seront très-importantes.

Les fonds, les canaux, les aqueducs, les digues, les travaux de maçonnerie de toute sorte viendront vite, parce que l'intérêt des entrepreneurs sera de les pousser vivement. Mais la distribution et la location de l'eau n'iront pas si vite, soit par le caractère naturellement douteux et rétif des propriétaires, soit parce que les eaux sont inutiles, si avant on n'a pas nivelé les terrains qui doivent les recevoir, et le nivellement, on le sait, ne peut se faire qu'avec beaucoup de peine et dans un espace de plusieurs années.

Nous avons vu les entreprises des aqueducs de Gênes et Turin, dont on se promettait des trésors, languir d'inanition, et augmenter les désillusions habituelles des actionnaires.

Cette nouvelle entreprise sera peut-être la moins malheureuse de celles-là ; mais je crois que la présomption que j'a entendue exprimer par des personnes intelligentes ne doit pa s'éloigner de la vérité, c'est-à-dire qu'une année dans l'autre (un peu plus, un peu moins), l'Etat perdra deux millions par an. Au bout de cinquante ans, cela fait 100 millions, et en y ajoutant les intérêts composés dès la première année, nous aurons une somme qui vraiment épouvante.

Il est vrai qu'après cinquante ans révolus les canaux et leurs produits resteront à l'Etat. Mais la compensation (d'ailleurs déjà payée avec les amortissements) sera loin d'être proportionnée aux dépenses. De toute façon, je ne puis comprendre, lorsque nous avons un besoin si urgent de nous occuper du jour d'aujourd'hui, quelles consolations peuvent nous donner les jouissances du lendemain.

Messieurs, je crois que nous marchons par un mauvais chemin et, vraiment, il serait temps de faire entendre un cri d'arrêt.

Le Sénat, en passant à d'autres projets semblables qui viennent avec hardiesse vers nous, verra dans sa sagesse quel conseil il faut enfin suivre.

Quant à moi, je croirais faillir si je donnais mon vote à ce projet de loi. Je voudrais enfin, presque comme une récompense à mon vote, que les ministres écrivissent, non sur le drapeau, qui en flottant se plie et se roule, mais dans l'intimité de leur cœur, presque comme un oracle du ciel, cette maxime : que l'édifice politique italien consiste et se fonde en grande partie dans l'édifice économique.

M. Ménabréa, sénateur. — Je demande la parole.

M. le président. — Le sénateur Ménabréa a la parole.

M. Ménabréa, sénateur. — Après le discours prononcé par l'honorable sénateur Gioia, je crois de mon devoir de prendre la parole, quoique d'abord j'eusse cru pouvoir garder le silence ; mais l'honorable sénateur Gioia a émis de tels principes économiques, qu'il n'est pas permis de laisser passer ses paroles sans une réponse, afin qu'on sache au moins que s'il a des convictions économiques, ces convictions ne sont pas partagées par tous ses collègues.

La question qu'on discute maintenant devant vous, Messieurs, peut être considérée sous deux points de vue : ou du côté général ou pour mieux dire sous le point de vue des principes sous lesquels elle a été traitée par le sénateur Gioia; ou bien, dans ses détails, comme l'honorable sénateur Jacmond entend la discuter.

Je ne parlerai pas des idées exprimées par l'honorable sénateur Jacquemond, parce qu'il examine les détails de la convention sur lesquels il est nécessaire que la discussion se développe, lorsqu'on passera à l'examen des articles, nécessaire pour une loi aussi importante.

Je me limiterai à la question de principe que l'honorable sénateur Gioia a exposé, en déclarant, dès à présent, que je ne saurais partager entièrement ses opinions.

Sans revenir sur tout ce qu'il a dit, j'examinerai brièvement ses principales objections.

Son premier reproche est que la concession du canal d'irrigation qu'il s'agit de dériver du Pô ait été confiée à une Société étrangère, tandis qu'on aurait dû, de préférence, recourir aux capitaux italiens. Mais, Messieurs, les capitaux sont cosmopolites. Certainement il est à désirer que le principe d'association se développe en Italie, parce qu'il prouve le sentiment d'union et en même temps il développe les forces de la nation; mais, en Italie, on ne peut pas tout faire avec nos seuls capitaux.

Il y a des nations qui ont des capitaux plus abondants que nous. Il est à désirer, et c'est naturel, que ces capitaux se portent où il y a des entreprises à faire. Repousser ces capitaux, ce serait nuire fortement à nos conditions économiques.

Peu nous importe la terminaison des noms qui figurent dans le contrat fait avec le gouvernement. Ce qu'il nous importe, c'est de savoir que ces noms sont respectables; qu'ils donnent des garanties solides au gouvernement, et que l'entreprise sera exécutée de façon que la somme qui y est destinée sera utilement employée.

Or, Messieurs, je crois, d'après les informations que j'ai pu avoir, que les noms qui figurent dans cette Société sont des plus respectables, et d'autant plus que ce genre d'entreprise n'est pas nouveau pour ces hommes, qui, au contraire, ont donné déjà des preuves de leur habileté et de leur expérience dans des travaux peut-être plus grandioses que ceux qu'il s'agit maintenant d'exécuter.

Passons maintenant à la question de l'entreprise elle-même.

Monsieur le sénateur Gioia croit que cette entreprise est complétement livrée à l'arbitre de ceux qui s'en chargent, que ceux-ci n'ont d'autre but, peut-être, que de placer leur argent à 6 0/0, sans se soucier des avantages des populations et de l'agriculture.

Mais je ferai observer à l'honorable sénateur Gioia qu'assurer simplement le 6 0/0, actuellement, ce n'est pas un grand avantage pour les capitaux, puisque, en prenant tout bonnement des titres de la dette publique, on peut avoir du 6 1/2 ou de 7 0/0. Donc, en demandant la garantie seulement de 6 0/0 pour leurs capitaux, les concessionnaires doivent chercher à retirer un produit supérieur à 6 0/0. Ils ont donc intérêt à ce que l'œuvre soit bien exécutée et qu'elle corresponde à ce qu'on en espère, afin de pouvoir tirer le plus grand avantage possible de leurs capitaux.

Pour tranquilliser l'honorable Gioia et le Sénat, relativement aux travaux qu'il s'agit d'exécuter, il suffit de dire par qui le projet a été fait. Comme on le voit par le premier article de la convention, ce projet a été élaboré par le docte et excellent chevalier Noé, qui, certainement, est un des premiers ingénieurs hydrauliques non-seulement de l'Italie, mais peut-être de l'Europe. Il suffit de dire qu'il a été appelé par d'autres puissances pour étudier des projets d'irrigation; il suffit de dire que c'est à lui qu'on doit l'agrandissement du canal de Cigliano qui, dernièrement, est venu augmenter la richesse du territoire Verceillais.

Donc, quand les projets sont faits par des hommes aussi habiles, et qui ont fourni tant de preuves de leurs talents, comme le chevalier Noé et ses collaborateurs, je crois que le gouvernement peut avoir toute confiance que les travaux seront bien faits, et on peut croire au succès de l'entreprise.

Mais on a dit : nous entrons complétement dans l'inconnu, puisque nous assurons une rente de 6 pour cent à un capital de 80 millions, étant tout à fait incertain sur son produit, et sur les bénéfices que le gouvernement pourra en tirer dans l'avenir. Je répondrai que les calculs n'ont pas été faits en l'air, comme on pourrait le supposer d'après les paroles de M. le sénateur Gioia. On a calculé avec beaucoup d'exactitude l'étendue du terrain qui serait soumis à l'irrigation par le nouveau canal ; on a reconnu que l'étendue de ce territoire ne serait pas moindre de 116,000 hectares, lesquels actuellement, sont presque sans culture et ne produisent rien, tandis que sous l'influence bienfaisante des eaux, ils devront devenir des terrains des plus fertiles de l'Italie. D'ailleurs pour se convaincre du bienfait que les eaux donnent, il suffit de regarder la Lombardie.

Il y a quelques siècles ce pays était presque stérile, lorsque naquit la pensée d'utiliser les nombreux cours d'eau qui descendent des vallées des Alpes. Sous leur influence une transformation complète eut lieu, et ces terrains, stériles avant, sont devenus les plus fertiles de l'Europe.

Dans une époque plus proche, la même chose est arrivée à la Lomellina, qui est d'un terrain sablonneux, et qui ne produisait rien, et grâce aux eaux, cette province est devenue en quelques années une des plus riches des anciennes provinces de l'Etat. Il en sera de même pour ces 116 m. hectares qui doivent recevoir les bienfaits de l'eau du canal qu'il s'agit de construire.

Rendons-nous compte maintenant de l'augmentation probable de revenu qu'on retirera de ces 116 mille hectares, et du bénéfice direct qui en reviendra aux finances.

Des personnes très-instruites dans les questions d'agriculture, ont calculé, qu'en tenant compte de la culture qui existe maintenant, ces 116 mille hectares, après les quinze ou seize ans qu'il faut pour régulariser l'irrigation, donneront une augmentation de produit brut de 18 millions par an à peu près. En déduisant les frais de culture, il restera une augmentation de produit net d'à peu près 9 millions par an. Ceci est le résultat de calculs qui semblent faits avec beaucoup d'exactitude et ne sont nullement exagérés.

On voit donc qu'on n'agit pas les yeux fermés, et que l'on n'entre pas dans une voie d'incertitudes, mais au contraire qu'on marche dans un chemin presque sûr.

Je dirai que cette entreprise, quant aux produits, est beaucoup plus sûre qu'une entreprise de chemins de fer. Le mouvement des chemins de fer, qu'on calcule *à priori*, est chose absolument hypothétique : cela dépend d'une foule de circonstances que l'économiste cherche à grouper, et dont il déduit des conséquences dont il est loin d'être sûr. Mais quand il s'agit d'un canal d'irrigation, on peut savoir, pour ainsi dire, quel sera le produit que donnera jusqu'à la plus petite fraction de terrain.

J'ai dit que l'augmentation du produit net sera d'à peu près 9 millions, et les frais de culture autant.

Cela admis, il faut remarquer que les frais de culture ne sont pas des frais perdus, mais que, au contraire, ils sont en grande partie un bienfait pour le pays où la culture s'opère, car ces dépenses alimentent les travailleurs et développent les arts, qui donnent leur concours à l'agriculture ; en un mot, 9 millions nets resteront aux propriétaires des terres, et 9 autres millions se partageront en grande partie entre les cultivateurs.

Ceci est un fait qu'on ne peut mettre en doute, parce qu'il s'appuie sur des calculs qui présentent tous les caractères de l'exactitude.

Je m'étonne donc qu'on fasse une opposition si sérieuse à un projet de cette nature, qui présente la plus grande probabilité du succès

Puisqu'on ne fait d'opposition semblable aux chemins de fer; puisque nous consentons à ce que l'Etat donne une garantie pour un taux de produit kilométrique par an, il me semble que nous laissons le gouvernement s'engouffrer dans une incertitude bien plus grande que celle qu'il y a à garantir l'intérêt de 6 pour cent pour un canal de cette nature, parce que, comme je l'ai dit pour les chemins de fer, tout est incertain, tandis qu'ici il y a la certitude presque absolue des résultats qu'on doit obtenir.

Or, si on a toujours cru devoir seconder le gouvernement toutes les fois qu'il présentait des projets de chemins de fer, je crois qu'*a fortiori*, on doit concourir pour que cette convention soit activée, puisque au fond, elle a pour but de créer une nouvelle richesse pour le pays, et d'ôter la stérilité des terres qui deviendront peut-être les plus fertiles du pays. Je crois donc que même sous ce point de vue, on ne doit pas faire d'objections à ce projet bienfaisant dont le résultat sera une augmentation de richesses pour l'Etat.

On fait encore une autre objection, et c'est celle qui sent l'esprit de municipalisme, qu'on me pardonne le mot. On dit : vous garantissez un intérêt de 6 pour cent pour une entreprise de 80 millions qui sont tous employés au profit de quelques provinces ; laissez au contraire qu'il y soit pourvu par l'industrie privée ; que le gouvernement donne s'il veut quelques subsides, mais qu'il ne se mêle pas de cela, car il n'est pas juste qu'au bout des comptes les autres provinces aient à payer pour les bénéfices de quelques provinces seulement.

Je crois que ce principe est une erreur en économie : toutes les provinces sont solidaires les unes des autres, et lorsqu'il s'agit de créer une richesse nouvelle dans une partie quelconque du territoire, je crois que toutes les provinces y sont intéressées.

Je répondrai d'ailleurs à cette objection par ce que l'on répond pour les chemins de fer.

Nous votons des chemins de fer pour la Sicile, pour les

Calabres, pour la Sardaigne ; ces provinces sont à l'extrémité de l'Italie ; mais nous votons ces chemins de fer parce que nous savons que le bienfait, quoique local, revient sur la généralité de la nation.

D'ailleurs il ne faut pas croire que l'Etat fasse un sacrifice.

D'abord, la garantie du gouvernement, dans quelques années, sera couverte par le produit du canal ; ensuite, l'augmentation de la richesse sera de 9 millions à peu près par an. Mais il faut noter, Messieurs, que tout le bénéfice que les finances de l'Etat en retireront ne se réduit pas à cela seulement, puisqu'elles auront de grands avantages soit par l'augmentation des impôts, en raison du produit plus grand de ces terres, laquelle augmentation de produit donnera une augmentation correspondante dans l'encaissement des impositions prédiales ; soit par l'augmentation des contrats qui sera une source nouvelle de produit, en vertu des lois d'enregistrement et du timbre.

En résumé, en tenant compte du développement de la population par suite de cette augmentation de richesse, et en calculant les choses dans le sens le plus étroit, après quatorze ou quinze ans que cette canalisation sera effectuée, les finances auront un bénéfice de trois millions à trois millions et demi par an, produit qui me semble assez remarquable et de nature à pouvoir écarter tous les doutes sur la convenance pour l'Etat d'aider à cette entreprise.

Le sénateur Gioia présentait une autre objection, c'est-à-dire que, d'après les articles de la convention, la direction des travaux, la distribution des eaux, etc., doit se faire sous la haute surveillance de l'Etat.

Je ne m'attendais vraiment pas à cette objection. Je reviens aux chemins de fer qui me servent de point de comparaison.

Les chemins de fer, qui ne sont pas dans une condition aussi sûre que ce canal d'irrigation, sont soumis à la surveillance du gouvernement pour la sûreté du service, pour l'exactitude de l'administration ; je ne vois pas pourquoi on n'appliquerait pas le même système aux canaux d'irrigation.

Je dis que l'intervention du gouvernement est beaucoup plus nécessaire dans ce cas, où il y a en jeu beaucoup d'intérêts différents qui, sans le concours du gouvernement, ne pourraient être conciliés, s'il ne réglait l'action de la Société chargée de cette irrigation.

Je répondrai aussi à une autre objection du sénateur Gioia. En se rapportant à l'insuccès qu'ont eues les dérivations d'eau potable à Gênes et à Turin, il nous dit : « Voyez ce qui est arrivé à Gênes et à Turin. On a fait d'énormes dépenses et l'œuvre reste inactive, et personne ne veut de ces eaux. »

Je répondrai que, si jusqu'à présent les populations de Gênes et Turin n'ont pas encore voulu profiter de l'eau potable, cela est un fait qui s'est reproduit dans toutes les villes dans lesquelles on a commencé une distribution d'eau

Je me rappelle avoir lu que la première distribution d'eau, à Londres, fut faite par un Hollandais, il y a à peu près cent ans. Au commencement, personne ne semblait vouloir de cette eau, mais, après, le désir d'avoir de l'eau potable est devenu si grand, qu'il n'y a pas une ville en Angleterre qui ne fasse d'énormes sacrifices pour en avoir. La même chose est arrivée dans toutes les villes de France.

On peut donc espérer que bientôt les eaux potables de Turin et de Gênes trouveront des acheteurs. Mais je dois observer que la circonstance est bien différente. L'abondance de l'eau potable peut être considérée par quelqu'un comme un objet de luxe ; mais c'est bien autre chose quand il s'agit de l'eau pour l'irrigation. Celui qui connaît les pays d'irrigation sait à combien de contestations donne lieu la distribution de l'eau, de quelles recherches elle est l'objet, puisqu'on n'en trouve jamais suffisamment pour les besoins de l'irrigation. Il n'y a donc pas à craindre que l'eau du nouveau canal puisse manquer d'acheteurs ; il y aurait plutôt à craindre qu'elle ne soit encore insuffisante pour les besoins de l'agriculture. Il me semble donc qu'il ne peut y avoir de doute que les eaux du canal ne soient pas recherchées.

Je ne m'étendrai pas plus longuement sur ce sujet. J'ai rapidement exposé, le mieux que j'ai pu, les idées qui se sont présentées à ma mémoire pour justifier en quelque sorte le projet de dériver un grand canal du Pô pour arroser une partie de la Lomellina et des terres du Verceillais. Je suis d'avis que cette entreprise fera beaucoup d'honneur à notre pays, et sera la source de nouvelles richesses pour la nation.

Bien certainement les populations seront reconnaissantes au gouvernement qui aura mis en œuvre une idée qui avait été étudiée déjà par le comte de Cavour, et que, malheureusement, le temps ne lui a pas permis de mettre à exécution.

J'espère donc que le Sénat voudra admettre le principe de ce projet de loi, sauf à examiner les détails des articles de la convention qui s'y rapportent.

M. le ministre des finances. — Je demande la parole.

M. le président. — Vous avez la parole.

M. le ministre des finances. — En vérité, l'honorable sénateur Ménabréa a combattu avec tant d'autorité la plus forte partie des objections faites contre le projet de loi actuel, qu'il me reste peu ou rien à ajouter soit sur les objections particulières à la loi, soit sur celles très-générales, et spécialement sur celles soulevées par l'honorable sénateur Gioia.

L'honorable sénateur Gioia a témoigné sa surprise de ce qu'il appelait l'innocence du ministère de vouloir faire des contrats avec des Sociétés étrangères, d'appeler l'intervention des capitaux étrangers pour des entreprises italiennes, et de ne pas avoir eu recours aux capitaux italiens, parce que, disait-il, les étrangers n'ont d'autre but que de retirer un certain intérêt des capitaux qui leur est garanti par nous.

Je me permets de douter que l'Italie puisse faire avec ses propres capitaux tout ce dont elle a besoin. Si l'Italie devait recourir seulement à des capitalistes italiens lorsqu'elle doit accomplir de grandes entreprises ou recourir au crédit public, elle se trouverait peut-être dans quelque embarras.

Je m'étonne ensuite que l'honorable sénateur Gioia ait employé des paroles si sévères, contre ce projet de loi, en déclarant que, si on avait eu recours à des capitalistes du pays, ceux-ci auraient eu des vues bien différentes de celles des capitalistes étrangers, de même que si ceux-ci s'engagent dans une chose qui nous regarde, c'est qu'ils ne voient autre chose que l'intérêt le plus grand possible pour leurs capitaux.

Je crois qu'il n'y a pas un capitaliste qui, dans une spéculation, ne cherche avant tout à tirer le plus grand profit possible de ses capitaux ! Qu'un grand capital se trouve entre les mains d'un Anglais, d'un Français ou d'un Italien, chacun cherchera toujours un plus grand avantage, sans se préoccuper beaucoup des conséquences que pourra avoir l'entreprise dans laquelle il l'emploie.

Du reste, j'ai confiance entière que l'opinion du Sénat, qui a approuvé tant d'autres projets de loi semblables, ne pourra être mise en doute sur cette matière, et je ne pense pas que le Sénat veuille partager l'opinion de l'honorable sénateur Gioia, relativement aux Sociétés anonymes qu'il traite de stupides... (il s'est servi de cette expression), parce que quelques-unes d'entre elles ont mal tourné.

Je ne crois pas que le Sénat ait une idée aussi mesquine des conséquences de l'esprit d'association. Si nous regardons les nations qui nous ont précédés, surtout l'Angleterre, il n'est pas difficile de trouver dans son histoire économique, principalement à la fin du dernier siècle, moment où l'esprit d'association commençait à se développer, des exemples vraiment prodigieux de sociétés qui ont ruiné complétement les actionnaires. Ces sociétés entreprenaient des œuvres impossibles, en excitant l'opinion, et on pouvait dire que celui qui se laissait prendre dans leur réseau était perdu sans rémission. Parmi ces faits, il y en a beaucoup et de bien plus tristes que celui de la Compagnie transatlantique et autres Sociétés mentionnées par l'honorable sénateur Gioia. Mais, parce qu'un principe peut avoir quelquefois de mauvaises conséquences, peut-on en déduire que le principe même soit mauvais? qu'il ne puisse être appliqué? Il suffit de jeter un regard sur l'état actuel de l'Angleterre, il suffit d'observer les miracles que l'esprit d'assiociation y a produits pour en conclure que les quelques millions, que là aussi on a pleuré comme perdus, actuellement sont retrouvés, sont payés dans une si large mesure qu'on ne peut douter que cela ait été une des causes principales du haut degré auquel est arrivé en Angleterre le développement de l'esprit d'association.

Que l'honorable sénateur Gioia me permette donc de ne pas accepter les critiques acérées qu'il fait aux Sociétés. Il y a, il y a eu, il y aura de mauvaises Sociétés, de même qu'il y en a qui prospèrent; mais dans le développement de l'esprit d'association, nous devons certainement voir en grande partie le développement de notre pays.

Mais, je le répète, je laisserai de côté ces questions par trop générales, parce qu'il me paraît être plus convenable aux habitudes du Sénat, d'étudier avec soin les projets de loi qui lui sont soumis, sans entrer dans des questions qui ne sont pas étroitement liées avec les objets en discussion. Plus on discute, moins on conclue.

J'entrerai par contre dans quelques détails relatifs à ce projet de loi, pour répondre aux objections soulevées. On a dit avant tout, que le gouvernement ne devrait pas concourir dans ces questions d'irrigations qui ne se rapportent qu'à des petites parties du territoire de l'État.

L'honorable Ménabréa a déjà répondu à cette objection, et si les exemples pouvaient avoir quelque poids, je crois qu'on pourrait en citer beaucoup d'autres dans lesquels les canaux d'irrigations ont été soutenus par le gouvernement. Si nous observons les canaux de la Dora Riparia, le canal de Cigliano, le canal de Pavia; si nous regardons les canaux d'irrigation en France, nous trouverons que tous furent essentiellement faits avec l'intervention des gouvernements. Si les canaux de la Lombardie, faits en 1200 et même avant, ont été faits d'une autre façon, c'est que les communes d'alors étaient autrement organisées, et se trouvaient dans des circonstances tout à fait différentes de celles d'aujourd'hui.

Pour ne citer que l'exemple d'un gouvernement dont personne ne refusera d'accepter les principes économiques, il me suffira de citer l'exemple du gouvernement anglais, qui dernièrement a fini le canal du Gange, canal de 1,300 kilomètres de longueur, et d'une portée bien plus considérable que le canal dont nous parlons. Le gouvernement le fit avec le concours de la Compagnie des Indes, et maintenant il est entre les mains seules du gouvernement.

Pour donner au Sénat une idée bien claire du projet de loi qu'il a devant les yeux, j'entrerai dans quelques détails sur ses conséquences.

Ce projet vise à deux choses : 1° de céder à une Société les canaux domaniaux que l'Etat possède maintenant et qui lui produisent 812,000 livres ; 2° de terminer le canal projeté par l'ingénieur Noé, lequel aura pour effet de conduire 110 mètres cubes d'eau de Chivasso au Tesin, de manière à pouvoir arroser 120,000 hectares de terrains.

Les calculs les plus exacts donnent 120 et non 114,000 ; du reste, la différence est insignifiante, et, ne fût-ce que par la commodité du chiffre rond, je prendrai 120,000.

Voyons si ces deux parties du projet de loi méritent l'approbation ou la désapprobation du Sénat.

Commençons par la première, c'est-à-dire par la cession des canaux domaniaux qui produisent à l'Etat 812,000 livres. Or donc, quelle est l'opération qu'on vient à faire par ce projet de loi, moyennant ce canal ? On vient à vendre ces canaux en capitalisant à quatre pour cent. On a ensuite 20,300,000 livres; mais, comme sur ces 20,300,000 livres on garantit aussi six pour cent, il en vient la conséquence que, grâce à ce canal, l'Etat fait un emprunt de 20,300,000 livres. A quel taux ? Au taux de six pour cent.

Je ne doute pas que le Sénat voudra absoudre certainement le ministère pour cette opération, puisque, lorsque nos fonds publics donnent un intérêt qui, malheureusement, s'approche et quelquefois même dépasse sept pour cent, je ne crois pas que ce soit une mauvaise opération de trouver 20,300,000 livres à un intérêt de six pour cent.

Mais on objectera : il y a l'amortissement. C'est bien, mais cela est une opération d'arithmétique ; par conséquent, il ne faut pas en tenir compte. L'amortissement ne peut, en aucune façon, être compté comme une augmentation d'intérêt. Celle-ci est la première partie de l'opération, laquelle, selon moi, me semble non-seulement justifiée, mais qui, je crois, peut encore mériter l'approbation de cette partie du Parlement, comme elle l'a obtenue complète de l'autre.

Passons à la seconde.

Par la seconde opération, on vient à construire ce grand canal que j'ai indiqué de 110 mètres cubes ; deplus, on devra acquérir certains autres canaux qui en sont le complément indispensable et qui sont déjà finis ; deplus, on fera certaines autres dérivations qui sont aussi indispensables pour l'utilisation de ce canal.

Avant tout, comme on avait dit qu'autrefois, je crois en 1853, la dépense de ce canal avait été estimée à 35 millions 323,662 livres, on m'objecte ceci : comment se fait-il que cette dépense soit évaluée maintenant à 53,400,000 livres ?

Je dois rendre compte au Sénat de cette différence qui ressort par des raisons fort simples, par des raisons tout à fait évidentes. Le vieux calcul, comme je viens de le dire, portait 35,323,662 livres. Qu'est-il est arrivé de 1853 à 1862 ? Il est arrivé ceci : que, par exemple, tandis que les briques coûtaient alors 24 ou 25 livres le mille, et elles sont calculées à ce prix dans le projet, elles coûtent maintenant 30 ou 32 livres et on ne peut les avoir à des prix moindres ; il est arrivé que la journée, supposons d'un tailleur de pierres, coûtait alors de 3 à 3 livres 50, comme il est indiqué dans le projet, aujourd'hui elle ne vaut pas moins de 4 à 4 livres 50.

Du reste, je crois ne pas avoir besoin d'aller chercher d'autres exemples, puisque chacun, dans sa sphère, peut voir combien le prix de la main-d'œuvre et des matériaux a augmenté, principalement pour les travaux dans lesquels la main-d'œuvre entre comme élément principal.

Or, quelle est la conséquence de cet enchérissement des prix des matériaux et de la main-d'œuvre? C'est que, en prenant pour base les éléments du coût de ce canal, non les prix de 1853, mais ceux de 1862, on trouve qu'il faut augmenter le coût de 1853 de 20 0/0, et, par conséquent, ce sont sept millions et des centaines de mille francs qu'il faut ajouter à ce que coûtera aujourd'hui le canal pour être fait.

Outre cela, il faut se souvenir qu'en évaluant ce capital et la garantie, comme cette garantie ne se fera qu'après que le canal sera fini et mis en exploitation, il faut, de toute nécessité, tenir compte des intérêts, qui courent pendant la construction, pour ce capital de 53 millions.

Il faut penser qu'on dépense des millions dans la première année, qu'on en dépense dans la deuxième, dans la troisième et dans une partie de la quatrième, et, par conséquent, il faut tenir compte de tous ces intérêts. En mettant deux ans et demi d'intérêt à 6 0/0, on arrive à une somme de 6,896,528 livres.

Outre cela, il y a des dépenses d'administration et de service technique qui n'étaient pas comptées dans le projet de 1853, puisque dans ces 35 millions on comptait seulement le coût des travaux qui seraient nécessaires pour être mis en adjudication publique, mais on ne calculait pas les frais pour le service technique.

Il y a plus encore : tous ceux qui sont au courant des constructions publiques, savent que lorsque le gouvernement entreprend des travaux (et du reste, tous les particuliers le savent), et spécialement lorsque ces travaux sont autour des fleuves, on court de certains risques de ruines des travaux, de certains cas de force majeure auxquels les entrepreneurs sont obligés de se soumettre ; il fallût donc tenir compte de ces éventualités, et on a à cet effet calculé en plus 1,968,000 livres.

On a enfin mis en compte une dépense pour former le capital de 528,734 livres, et chacun sait qu'on ne trouve pas 50, 60, 80 millions sans frais de commission et sans les dépenses pour la formation du capital. Evidemment, cette dépense est assez minime et n'est ici calculée qu'à un pour cent. On arrive donc au total de 53,483,000 livres.

Voilà pourquoi on a maintenant un chiffre différent de celui de 1853 ; mais je ne doute pas que quiconque voudra analyser ces chiffres, ne tardera pas à se persuader de leur exactitude.

Je ne parlerai pas des autres canaux à acquérir, des autres travaux à faire, ce qui porte cette somme de 53 millions à 60 millions, puisque personne, que je sache, n'a jamais contesté la nécessité de ces dépenses, et qu'on ne les a jamais taxées de superflues.

Du reste, la différence des dépenses entre 53 et 60 millions, doit avant de devenir définitive, aux termes mêmes de la convention, être soumise à la sanction du Parlement, puisque la convention établit que toute acquisition d'ouvrages existants, comme tous les ouvrages nouveaux à faire avec ces 6 millions qui manquent encore, devront avant être soumis au parlement.

Nous avons donc une dépense de 60 millions, non pas faite par le gouvernement, comme le disait le sénateur Gioia, mais par une Société ; et, en présence de cette dépense, voyons maintenant quels avantages et quels dommages nous trouvons.

On aura la charge de la garantie de 6 pour cent d'intérêt sur 60 millions. (Je laisse de côté le chiffre de 80 millions, puisque, je le répète, les autres 20 millions, différence de 60 à 80, sont un véritable emprunt de 6 pour cent, et il est inutile de les considérer dans ce calcul). En prenant donc ces 60 millions, on aura un intérêt annuel garanti de 3 millions 600,000 livres.

L'honorable sénateur Jacquemond disait : Mais comment pourrez-vous garantir que les dépenses faites ne soient pas excessives ? Je prie qu'on veuille bien observer l'article 23 de la convention, lequel a été si amèrement (qu'on me pardonne l'expression) critiqué par l'honorable sénateur Gioia. Cet article dit : « Il appartient aussi au gouvernement le droit de veiller à la bonne exploitation de tout ce qui forme l'objet de la présente concession, comme aussi de contrôler la gestion de la Société dans la partie économique. »

Comme on le voit, cet article pourvoit à ce que le gouvernement ait une action suffisante dans l'administration de la Société pour que les dépenses ne soient pas exagérées Ce n'est certainement pas pour le plaisir de venir s'ingérer dans les affaires des autres qu'on a établi cet article ; c'est purement et simplement pour défendre les intérêts du gouvernement, qui, en garantissant un intérêt, doit veiller à ce que les dépenses soient aussi faibles que possible.

Du reste, nous ne sommes pas dans un champ vierge, nouveau, nous ne sommes pas dans l'inconnu. Il s'agit d'une matière sur laquelle heureusement, dans chaque pays, on a des exemples évidents, et nous savons ce que sont les dépenses relatives aux canaux. Nous avons, par exemple, les canaux mêmes du gouvernement. On sait que le gouvernement n'est pas un administrateur trop bon ; il ne peut l'être par sa nature même, par les formes auxquelles il est assujetti : eh bien ! les canaux domaniaux, qui donnent un produit net de 812,000 livres, si je ne me trompe, obligent à une dépense de 140,000 livres. Par conséquent, dans le rapport présenté à l'autre branche du Parlement, les dépenses de l'exploitation avaient été évaluées à 700 mille francs, soit pour le nouveau, soit pour les vieux canaux qu'on cédait à la Société, et le rapporteur de la chambre des députés, personne très-docte et très-compétente dans cette matière, l'inspecteur Popeuti, trouvait que ce chiffre de 700 mille livres ne pouvait vraiment pas être qualifié d'exagéré. Je répète donc que nous ne sommes pas dans l'inconnu ; on sait ce que sont ces dépenses, et je ne doute pas qu'avec l'article 23, l'intérêt du gouvernement soit parfaitement garanti.

Voyons maintenant quel avantage le pays peut espérer (le

gouvernement n'en est que le représentant et l'administrateur) de ce canal. D'abord, comme le disait l'honorable Menabrea, nous avons devant nous une irrigation de 116 mille hectares. Je parlerai après des conséquences de cette irrigation, maintenant nous ne considérerons que les conséquences financières.

Voyons de quelle nature est la probabilité qu'il y a que les finances soient remboursées de ces 3 millions, qu'elles garantissent comme produit net à cette Société, en y ajoutant 500 mille livres et plus pour les frais d'exploitation de ce nouveau canal (je ne parlerai pas des vieux); nous aurons 4 millions 400 et quelques milliers de livres.

Nous voyons quelle perspective nous avons devant nous, nous voyons quelle nature de produit on peut espérer. Nous avons à arroser 116 mille hectares de terrains; or, toutes les personnes de ces localités savent qu'on peut très-bien payer et qu'on paierait volontiers une somme de 40 livres par hectare; donc, en multipliant ces 116 mille hectares par 40, nous aurons une marge de 4 millions 640 mille livres.

De plus, nous avons l'emploi de l'eau pendant l'hiver, mettons peu de chose pour l'utilisation des eaux pendant l'hiver; ne mettons que 200 mille livres, il résulte d'un contrat formel, que la Société d'irrigation à l'ouest de la Sesia, qui se sert actuellement des eaux de la Dora à un certain prix convenu, a pour condition d'augmenter ce prix de 200 mille livres par module, si on substitue aux eaux de la Dora, un peu froides, les eaux plus chaudes et plus fertilisantes du Pô, cela donne immédiatement une somme plus forte de 100 mille livres.

Le bureau central, avec beaucoup de pénétration, a fait observer que, pour le service des canaux anciens qui ont été cédés à la Société, en outre de la Société d'irrigation, il y a d'autres intéressés sur lesquels non-seulement on peut, mais on a la certitude, de compter sur une plus forte somme de 60 mille livres; en tout, faisons une somme de 5 millions vis-à-vis des 4 millions et 100 mille livres que nous garantissons, en comptant les intérêts et les frais d'exploitation.

Mais ce n'est pas tout encore. Comme le disait l'honorable sénateur Ménabréa, ces terres, qui attendent avec une véritable impatience ce canal (et les délibérations récentes de ces conseils communaux en sont la preuve) étant, pour la plupart, incultes, donnent un produit certainement beaucoup moindre que celui qu'elles donneront lorsqu'elles seront arrosées. Voici des calculs faciles à faire et que toutes les personnes qui ont des possessions dans ces localités savent faire. La différence qu'il y a entre les terrains arrosés et les terrains secs est connue ; on sait de même que les terrains arrosés donnent un produit qui est le triple, le quadruple de celui qui est donné par des terrains secs, quand il s'agit de terrains peu fertiles.

L'honorable sénateur Ménabréa a cité des calculs faits, si je ne me trompe, par un ingénieur distingué, lequel pourtant n'avait pas tous les éléments nécessaires, mais estimait néanmoins que le revenu brut de ces terrains devait s'augmenter de 18 millions. Vraiment, les calculs faits par l'ingénieur Noé conduisent à un résultat quelque peu différent ; ils conduisent à une augmentation de 24 millions de revenu. Mais je laisserai la différence, et si nous voulons prendre des chiffres en gros, ronds, prenons-en un qui soit à peu près 20 millions. De toute façon, les différents calculs faits à ce propos, et qui ont une base certaine, sont d'accord à établir qu'on peut compter sur une augmentation de rente nette de 10 millions.

En Lomellina et dans le Novarais on travaille à établir le cadastre. Il est évident que cette plus-value des terres (plus-value qui, étant capitalisée, dépasserait les 200 millions), il est évident, dis-je, que cette plus-value des terres sera saisie par le cadastre, et, par conséquent, l'imposition foncière sera augmentée. En prenant des bases modérées, en prenant par exemple 20 0/0 de la rente nette comme base de l'impôt foncier, on arriverait à un impôt de 2 millions. Si on voulait même admettre que l'impôt foncier doit rester tel qu'il est aujourd'hui dans le Novarais et dans la Lomellina, c'est-à-dire à 13 1/2 0/0 en moyenne (ce qui, je le répète, est trop peu, et dans le projet de loi pour la répartition égale des impôts sera certainement augmenté), on arriverait à une somme de 1,350,000 livres.

Outre cela, il y a encore une augmentation de produit par l'augmentation portée par les lois de timbre et d'enregistrement. On sait que dans toutes les transmissions de propriété, au fur et à mesure que la valeur de la propriété augmente, le droit qu'on prend sur les mêmes s'accroît. Par conséquent, sans répéter tous les chiffres relatifs à cela, on voit aisément que, sous ce rapport, l'entrée se trouvera augmentée de 800,000 livres.

Je pourrais ajouter d'autres sources indirectes d'augmentation, parce que, comme l'observait l'honorable sénateur Ménabréa, il faut noter que la différence entre la rente nette et la rente brute résulte en grande partie pour plus de 80 0/0 de la main-d'œuvre.

Ensuite, à quoi conduit l'augmentation de la production d'un pays ? Elle conduit à augmenter la population et son bien-être, d'où il s'ensuit une plus forte consommation de tabac, de sel, une augmentation dans les douanes, etc. Donc on ne se trompera certainement pas en calculant pour cela à peu près 337,500 livres, qui sont le quart de l'impôt foncier, parce qu'on sait que, dans les pays exclusivement agricoles, le produit des contributions indirectes peut se calculer à peu près au quart de cet impôt.

Je ne m'arrêterai pas à ajouter des produits qu'on connaît très-bien, par exemple, ceux des chemins de fer qui appartiennent à l'Etat ou qui sont garantis par l'Etat, comme le chemin de fer Victor-Emmanuel, de façon qu'il n'y aura certainement pas d'exagération en calculant à 3 millions l'augmentation d'entrées que les finances pourront espérer de ce côté.

Vous voyez donc, Messieurs, qu'en fin de compte nous nous trouvons dans cette condition, c'est-à-dire de garantir, d'une part, pendant cinquante ans, 3,600,000 livres, outre les frais ; d'autre part, lorsque ces 116,000 hectares seront arrosés, on aura une entrée très-probable de 5 millions de livres, par le fait de la vente même des eaux aux conditions indiquées. Entendons-nous bien : ce ne sont pas des conditions exagérées, puisque, sous ce point de vue aussi, je puis vous démontrer que nous sommes parfaitement dans le vrai sans aller nullement dans l'inconnu.

Il y a maintenant trois moyens divers pour vendre l'eau :

Ou l'eau se vend à tant le module, c'est-à-dire on fait une vente d'eau de tant de litres par minute ou seconde, ou elle se vend par superficie de terrain qu'on prend l'engagement d'arroser ou de laisser arroser, ou, enfin, elle se vend en prenant l'engagement d'arroser le terrain à superficie en participant au produit.

Voyons maintenant quels résultats on a aujourd'hui sous ces trois points de vue, à quel prix on vend l'eau et à quel prix il faudrait la vendre pour obtenir les chiffres que j'ai indiqués.

De tous les trois systèmes, celui qui convient le moins au propriétaire des eaux, et, sous certains rapports, convient moins aussi à celui qui s'en sert, est le système de la vente par module, c'est-à-dire la vente par une quantité constante, parce que l'eau ne reste pas stagnante sur une propriété, mais elle coule en partie dans le voisinage, de façon qu'on en consomme beaucoup plus de ce qu'en emporterait l'évaporation naturelle et même une infiltration discrète. Ce qui fait que, lorsqu'on vend l'eau par module, comme dans le Novarais, dans le Verceillais, dans la Lomellina (en répétant les différents prix qui sont venus à la connaissance du ministère), on ne peut la vendre qu'à 1,953 livres le module. Par contre, en vendant l'eau aussi à argent comptant, mais à heures, c'est-à-dire en s'engageant pour un nombre d'heures déterminé de la journée, le module d'eau alors peut se vendre (et effectivement il se vend ; je répète que ce sont des chiffres moyens) 3,242 livres le module.

Enfin, lorsque l'on vend l'eau moyennant une participation aux produits en nature e prix de l'eau s'élève beaucoup plus, et d'après une longue série de données, recueillies par le ministère, on voit que l'eau est vendue à 4,752 livres le module.

Or, à quel prix correspond-il, ce chiffre de 40 livres par hectare, que j'ai pris comme base de mes calculs? En admettant que le terrain consomme, comme il est connu, 80 centièmes de litre par hectare, il correspond à un prix de 2,900 livres le module; prix qui serait trop élevé si l'eau se vendait par modules. Mais cela ne sera pas, puisque cela ne conviendrait ni aux propriétaires mêmes, ni à la Société. Mais, je le répète, si on la vend par superficie, en comparant avec les moyennes qu'on a déjà, par les ventes faites dans des circonstances analogues, l'eau vaudra de 3,242 à 4,852 livres. Vous voyez qu'il n'y a pas d'exagération, et que je ne prends pas un chiffre qui puisse nuire à l'agriculture, en disant qu'on doit recevoir un produit de 40 livres par hectare sur la vente de cette eau.

Il s'ensuit donc que la garantie d'un produit à la Société qui entreprend ces travaux, sera beaucoup inférieur au produit même qu'on retirera de la vente de l'eau, lequel, de son côté, est beaucoup inférieur au produit complet qu'on retirera, en tenant compte et du produit de la vente des eaux, et des produits indirects que les finances en retireront.

Du reste, Messieurs, j'ai une preuve certaine que ces canaux produiront bien plus que ce que l'Etat garantit. Certainement ce ne sera pas dans les premières années. Je suis d'accord qu'il faudra un certain temps avant que toute cette eau puisse être vendue, mais ce ne sera pas si long qu'on a bien voulu le dire, parce que les terrains sont parfaitement préparés, et dans ces provinces on connaît déjà les bienfaits des eaux. Ces considérations auraient quelque poids s'il s'agissait d'un pays où la culture d'irrigation est absolument inconnue, s'il s'agissait pour la première fois d'y conduire un canal d'eau. Alors il faudrait du temps, il faudrait apprendre à en tirer parti, il faudrait lutter contre les habitudes, que sais-je? mais dans les campagnes du Novarais et de la Lomellina, parler d'y apporter de l'eau, et dire ensuite qu'elle ne sera pas utilisée, véritablement c'est une crainte sans raison, et il n'y a qu'à se rappeler, comme je l'ai dit, les manifestations qui ont eu lieu lorsqu'on a parlé de ce projet de loi dans toutes les communes de ces provinces, lesquelles, comme l'honorable rapporteur l'a indiqué, ont souscrit pour 10 millions d'obligations.

Je disais, il y a un moment, que la garantie du gouvernement sera bien vite dépassée.

Je passe maintenant à la Société étrangère, à laquelle, selon l'honorable Gioia, il est indifférent que l'eau du Pô coule vers Venise, en suivant son cours, plutôt que d'être employée au bienfait de nos terres.

Selon les honorables opposants de cette loi, cette Société est venue prendre part à une entreprise de ce genre, parce que la base n'est pas dans la bonté même de l'entreprise, puisque, si cela était, l'Etat ferait une œuvre très-utile, et ne se chargerait d'aucune dépense ; mais parce que cette base consiste dans la garantie de 6 pour cent qu'on lui promet. Or, je le repète, si cela est, pourquoi la Société ne prend-elle pas de la rente publique italienne, dans laquelle elle trouverait un placement de 7 pour cent, plutôt que de placer ses capitaux dans une entreprise de ce genre ? N'est-ce pas le même individu (le gouvernement) qui lui garantit le 6 pour cent?

S'il arrivait qu'il y eût retard dans le paiement, ce qui ne peut arriver, mais enfin, que le gouvernement de toute façon dût retarder de quelque temps les paiements, on sait très-bien que la rente publique passe avant tout, et que nos lois établissent que le premier article du bilan passif doit être le service de la rente ; il est donc hors de doute qu'une telle garantie serait bien plus sûre, s'il n'y en avait une autre bien plus sérieuse, celle de l'entreprise même.

Par conséquent, je ne doute pas que le Sénat voudra donner son approbation à ce projet de loi, parce qu'on fait une chose non-seulement qui n'est pas nuisible, mais qui, au contraire, sera utile aux finances, utile même immédiatement, puisqu'en fin de compte on fait un emprunt de 20 millions à 6 pour cent. Cela donnera lieu à quelques dépenses, parce que dans les premières années on ne pourra vendre toute l'eau; mais le pays en aura des bénéfices considérables, et les finances de l'Etat des produits directs et indirects.

Je comprends que la difficulté qu'on a soulevée doit faire une certaine impression sur l'esprit de quelques-uns, c'est-à-dire qu'au moment où l'on a un si grand besoin de moyens pour atteindre au dernier but du pays, on détourne des fonds publics dans des dépenses de cette nature.

Mais, Messieurs, il faut noter que, pour pouvoir faire les dépenses, il faut en avoir les moyens. Or, il n'y a pas de doute que, dans les conditions actuelles de l'Italie, il faut pousser, par tous les moyens possibles, l'activité publique; il faut que l'Italie travaille beaucoup plus qu'aujourd'hui.

Il est évident qu'en Italie il faut augmenter de beaucoup le produit utile des individus, et que le gouvernement doit y contribuer de tout son pouvoir.

On ne peut certainement pas faire beaucoup de travaux de cette nature en Italie, parce que les lacs lombards et les hauts sommets des Alpes, d'où descendent les eaux qui les alimentent, ne sont pas nombreux, et par conséquent on n'en peut faire dans beaucoup de localités. Mais il est évident qu'il faut tâcher de toute manière de vivifier l'activité; il est évident qu'il faut augmenter le travail de tous les citoyens; il est évident qu'il faut que le gouvernement s'ingère le moins possible, mais il ne faut pas non plus qu'il laisse aller l'eau vers le bas, comme le disait le sénateur Gioia, et qu'il reste absolument inactif, indifférent, et que les eaux coulent à la mer plutôt que d'arroser les terrains. Je crois qu'il est nécessaire, avant toutes choses, peut-être plus qu'on ne le pense (quoique nous ayons les autres industries), de nous occuper de l'agriculture, laquelle, avec raison, fût appelée la mère des industries, et qui, du reste, entre toutes, est de beaucoup la plus importante dans notre pays, et qui nous donne la population la plus robuste, la plus morale et d'où nous viennent ces soldats par lesquels nous espérons obtenir d'arriver au dernier but auquel tend la nation. (Bravo ! bien !)

M. Gioia, sénateur. — Le Sénat sait que, par nature, je n'aime pas beaucoup à faire de l'opposition, et que j'aime mieux assister aux discussions auxquelles se livrent mes collègues que d'y prendre part moi-même.

Si donc j'ai pris la parole sur cet argument, c'est que j'y ai été poussé par une conviction irrésitible, qui me disait que le projet dont nous nous occupons, était un projet autant utile en lui-même, que malheureusement conçu.

Si le gouvernement était venu nous demander un subside pour activer cette entreprise dont je reconnais l'utilité ; s'il nous avait dit, pour activer l'irrigation dont il s'agit, donnons d'une manière déterminée une somme, supposez de 10 ou 20 millions, remboursables à de longues échéances, en vérité j'aurais applaudi de tout cœur à cette proposition ; mais ce qui me dégoûte et m'offense, c'est de voir comme le gouvernement s'engage dans un système et un ordre de choses, qui lui produira des ennuis et des dommages très-graves.

Pour justifier ce que je dis, je n'ai besoin que de relire ce bienheureux art. 23 dans lequel il est dit que le gouvernement *se reserve de contrôler la question de la Société dans la partie économique.* Messieurs, cela vous semble-t-il peu de chose ?

Un gouvernement qui a tant de soucis, tant de soins très-importants, se mettre dans la nécessité de contrôler la gestion d'une Société dans ses parties intérieures, dans ses parties économiques !

Je crois que cela seul suffit pour montrer la mauvaise affaire qu'on entreprend.

Ensuite, quelles que soient les bonnes assurances qu'on nous donne sur le produit qu'on aura de cette irrigation, je crains grandement que les calculs faits en prévision ne résistent pas à la preuve des faits.

A ce qu'il me semble, on n'a pas tenu compte, comme il l'aurait fallu, d'une circonstance importante, c'est-à-dire qu'il n'y a pas d'irrigation de terres possible, si avant on ne les a pas nivelées.

Or, le nivellement de 120 mille hectares de terres demandera un espace de temps, non d'années, mais de lustres et des dépenses considérables. Bien sûr, les propriétaires n'achèteront l'eau, que lorsqu'ils auront leurs terres en état d'y répandre l'eau facilement et avec profit.

Par conséquent, je crois que la vente de l'eau sera très-restreinte, non pendant peu d'années, mais pendant beaucoup; et le gouvernement devra payer annuellement des sommes très-fortes pour une entreprise qu'il devait aider sans s'y mêler d'une façon aléatoire.

On a opposé ; mais vous ne faites pas de difficultés : quand le gouvernement garantit le revenu des chemins de fer. C'est vrai ; mais j'espère que le Sénat ne m'obligera pas à démontrer la différence très-grande qu'il y a entre les deux cas. Les chemins de fer sont une institution nationale et politique, nécessaire à resserrer les rapports commerciaux et politiques de l'Etat, et pour cela, il est évident qu'aucun sacrifice ne sera jamais excessif pour atteindre ce but si élevé. Mais ici il s'agit d'un intérêt qui ne regarde pas directement le pays entier, mais bien uniquement les localités dans lesquelles l'entreprise même s'exercera.

On ne devra pas s'étonner si j'ai montré quelque mauvaise humeur contre les sociétés anonymes ; mais, en vérité, celui qui connaît l'histoire du pays, sait qu'on pourrait faire une liste assez longue des sociétés anonymes qui ont donné de très mauvais résultats.

En Angleterre les choses vont autrement, parce qu'il s'agit d'actionnaires, de personnes habituées aux grandes affaires, et dont la pratique et l'expérience peut, en quelque façon, corriger le vice du système ; mais dans notre pays les conditions sont malheureusement très différentes.

En passant maintenant aux observations faites par M. le ministre, je ne puis que répéter qu'elles n'ont point ébranlé mes convictions. Pour moi, c'est toujours un sujet d'impression pénible de voir que cette grandiose entreprise soit donnée à des entrepreneurs étrangers. Il faut se désillusionner, ces sociétés étrangères nous causeront toujours des ennuis et des embarras très graves. Malheureusement l'ave nir donnera raison aux paroles que je prononce aujourd'hu

L'honorable sénateur Menabrea a placé son discours sur un terrain favorable à ses yeux. Il a démontré combien, en lui-même, le projet serait bienfaisant et utile, et, en vérité, je n'ai rien à dire à cet égard : mais la question n'est pas dans l'utilité intrinsèque du projet (elle est en dehors de la contestation) ; la question est dans la façon avec laquelle il est effectué par rapport au gouvernement.

Personne, plus que moi, n'est disposé à rendre hommage à la valeur et au talent de l'ingénieur Noé ; mais je crois qu'il arrive aux ingénieurs, ce qui arrive aux médecins, lesquels, quoique très habiles, se trompent souvent dans leurs prévisions.

Je ne serais donc pas étonné qu'en venant au fait pratique, on trouvât, par exemple, que le Pô ne pût donner, dans les temps de basses eaux, les 110 mètres cubes d'eau qu'on avait imaginés; comme il ne m'étonnerait pas que la route de l'eau fût retardée de longtemps.

D'ailleurs il est au-dessus de toutes les raisons que nous n'avons eu le temps que de nous recueillir : « *Porro unum est necessarium.* »

Nous devons avoir une seule pensée, une pensée unanime, celle de restaurer les forces économiques du pays, de préparer les armes, de se disposer à cette dernière lutte qui est inévitable...

M. Salmont, sénateur. — Je demande la parole.

M. Gioia, sénateur. — Pour donner à nos affaires une forme définitive, c'est pourquoi je crois qu'il est inopportun de disperser ou de s'exposer même, seulement, à disperser les forces du pays dans une entreprise qui ne soit pas celle unique vers laquelle sont tendues les pensées de tous.

Je finis ici, parce que la force me manque pour de plus longues paroles ; mais j'espère que le Sénat voudra au moins rendre justice à la conviction sincère qui m'a conduit à combattre ce projet, lequel, bon en lui-même, selon moi, a été imprudemment et malheureusement effectué.

M. le président. — La parole appartient au sénateur Salmont.

M. Salmont, sénateur. — Je ne dirai que deux mots; quant à la conviction de l'honorable préopinant, je ne puis en aucune façon la partager.

Je crois que l'Italie doit, d'une main, se préparer au combat et édifier de l'autre; je crois que les capitaux ne s'obtiennent que par l'épargne, et, dans ce moment, on ne peut obtenir d'épargnes en Italie, justement parce que nous devons nous préparer à combattre. Je crois que non-seulement on ne doit pas repousser l'intervention des capitaux étrangers, mais que cette intervention devrait être regardée comme un bienfait. Je crois que les paroles par lesquelles on repousse, en quelque sorte, l'intervention des capitaux étrangers est un dommage, et un dommage très grave qu'on fait à l'Italie dans ces moments-ci. Je crois qu'en faisant les contrats avec les capitalistes étrangers, je le dirai entre nous, il faut mettre les points sur les *i*; mais je crois aussi qu'il faut tâcher de les avoir pour nous.

Je puis persuader que, dans ces moments-ci, l'intervention des capitaux étrangers est une force morale que l'on donne à l'Italie, parce que si les capitaux étrangers, qui avant tout pensent à leurs avantages, n'avaient pas de foi dans l'unité et l'existence de l'Italie, ils ne viendraient pas.

Donc, au lieu de condamner le ministère d'accepter les propositions des capitalistes étrangers, je l'y encourage de toutes mes forces, parce que je crois que c'est un véritable bienfait pour le pays. (Bien! bravo!)

M. le ministre des finances. — Le bureau central, dans son rapport, a demandé trois déclarations; si personne ne demande la parole sur la discussion générale, je ferai les déclarations qu'on a demandées.

M. Pernati, sénateur. — Il y a une proposition suspensive.

M. le président. — Si personne ne demande la parole...

M. Gallina, sénateur. — Je demande la parole.

M. le président. — Le sénateur Gallina a la parole.

M. Gallina, sénateur. — Dans l'espace de temps très restreint qui a été accordé au bureau central, pour préparer son travail sur le projet de loi dont nous nous occupons, il lui a été impossible d'étendre ses observations sur tous les points des questions que présente ce projet d'une importance si grande.

Dans la question générale surtout, le bureau n'a exprimé que quelques paroles; ainsi, une partie des points qui ont été développés dans la discussion générale, dont le Sénat s'est occupé jusqu'à présent, n'ont pu avoir dans le rapport du bureau central toutes les explications nécessaires. Toutefois le bureau central, en s'occupant spécialement du sujet de la loi, a exprimé ses conclusions qui sont subordonnées à quelques conditions, lesquelles, si je ne me trompe, sont bien près d'être acceptées par le ministère.

Je ne parle pas au nom du bureau central ; son rapporteur fera les observations qu'il jugera opportunes pour soutenir ses assertions. Moi, je veux faire quelques observations sur les principes généraux qui ont été touchés dans cette discussion générale, et qui ont été combattus par quelques-uns de nos collègues.

Avant tout, je dois dire quelques mots sur une observation de l'honorable sénateur Jacquemond, à laquelle, il me semble, on n'a pas répondu, peut-être parce qu'elle regarde une question plus spéciale.

L'observation du sénateur Jacquemond se réfère à l'amortissement du capital porté par la concession et garanti par le Trésor.

Il n'y a, ni dans le projet de loi, ni dans la convention, une disposition quelconque qui soit relative à cet article essentiel de la concession.

Le Sénat aura probablement le désir, comme l'a eu le sénateur Jacquemond, de connaître si on a pris quelque précaution pour assurer cet amortissement. Nous avons vu dans la convention que la dépense à faire se partage en deux parties.

Pour ce qui regarde le capital nécessaire pour l'exécution

de la concession, une partie doit être convertie en obligations, jusqu'à la concurrence de 55 millions; une autre partie, c'est-à-dire la somme qui reste, doit être convertie en actions. Les obligations sont garanties par le gouvernement, et porteront même un signe de cette garantie.

Je pense que pour l'amortissement de ces obligations, on suivra le même système usité dans de semblables matières; mais pour les actions on n'en a pas dit un mot. Il me semble pourtant essentiel, et d'ailleurs il est de l'intérêt du public, et dans l'intérêt des actionnaires mêmes, que la question de l'amortissement des actions soit, d'une manière ou d'autre, déterminée, soit dans la loi, soit dans le règlement.

Pour ce qui regarde les finances, il faut qu'il soit déclaré nettement qu'en payant le tant pour cent établi pour l'amortissement des actions, le gouvernement est entièrement libéré, et n'a plus à répondre à personne qui viendrait lui demander compte de cet amortissement. Cela pour l'intérêt des finances.

Si ensuite, dans cette concession, le gouvernement veut défendre aussi l'intérêt public des actionnaires, il semble qu'alors il devrait être établi que l'amortissement agit sur l'extinction des actions, afin d'éviter l'amer reproche qu'on a entendu dans d'autres circonstances, que les concessionnaires de certaines entreprises avaient pu avoir directement ce qui avait été stipulé sans que les actionnaires en eussent eu aucun profit ou soulagement.

Il est inutile que je cite des exemples que tout le monde connaît et que certainement le ministère n'ignore pas.

C'est pourquoi je joins mes instances à celles de l'honorable sénateur Jacquemond, pour que le ministère nous dise quelle est son intention à cet égard.

Je passe maintenant à la question générale, si bien traitée par les orateurs qui m'ont précédé.

Je crois vraiment que, soit du côté des défendeurs du projet, soit du côté des opposants, au point de vue des doctrines économiques et gouvernementales qu'on a émises, l'éloquence a nui quelque peu à la vérité des choses, et qu'il peut y avoir quelques exagérations dans les conséquences tirées par les uns ou par les autres.

Rétablissons les choses dans leur véritable état. La concession dont il s'agit, comme le faisait remarquer justement l'honorable ministre des finances, a deux parties distinctes, l'une regarde la cession des anciens canaux du Verceillais : possédés par le gouvernement; l'autre la dépense pour la dérivation d'un grand volume d'eau du Pô, pour être conduit sur les terres du Vercellais, du Novarais, de la Lomellina, et aussi du Casalasque.

On a fait, par conséquent, la distinction entre ce qui représente véritablement le prix du canal, et ce qui représente l'acquisition des anciens canaux.

Le contrat prenait les apparences d'un emprunt fait au gouvernement, puisque ce que l'on vend aujourd'hui se rachète par le fonds d'amortissement.

En arrivant à discuter sur cette opération, je ne mets pas aucunement en doute qu'il n'y ait utilité pour les finances dans cette vente déguisée. Par cette vente, les finances viennent à toucher la somme assez importante de 20 millions. Je dis importante, en comparaison de l'importance de l'entreprise dont on parle; mais je ne dis pas importante pour la situation financière, car c'est une goutte d'eau douce dans un océan très salé. Mais je ne puis pourtant pas être d'accord avec l'observation de l'honorable ministre des finances, qui représente cette opération comme une chose extraordinaire, et d'une utilité très-grande, parce qu'il s'agirait d'un emprunt à 6 0/0, tandis que les opérations, les offres qu'on ferait pour un emprunt public ne pourraient certainement pas porter ce taux.

Je suis d'une opinion tout à fait contraire. Je crois qu'à conditions égales, les finances n'auraient pas de difficultés à obtenir un emprunt de cette importance, avec un intérêt égal, et je prie le Sénat d'observer que ce qui rend plus facile et, en apparence, plus profitable l'emprunt dont il s'agit, est la nature de l'emprunt même.

Qu'est-ce que font les finances par ce contrat?

Elles obtiennent un emprunt de 20 milions; mais c'est un emprunt, non-seulement avec hypothèque, mais avec gage, c'est-à-dire que les concessionnaires ont entre les mains le gage qui représente la somme qu'ils versent, et sur laquelle les finances paient 6 0/0.

Que l'honorable ministre des finances regarde un peu quelle différence il y a entre un emprunt qui n'est pas garanti par une hypothèque et celui qui est garanti par une hypothèque générale de l'État; qu'il regarde l'emprunt anglais Hambro, fait dans les années passées, et il trouvera très-grande différence dans les cours, entre le Hambro et une l'emprunt de 1849.

La raison en est claire.

L'emprunt Hambro a une hypothèque sur le chemin de fer de Gènes à Turin, et a un fonds d'amortissement garanti par la même hypothèque, et, par conséquent, il peut toujours avoir 10 0/0 d'augmentation sur les autres emprunts qui n'ont pas de garantie.

Si les finances étaient à même de donner des gages productifs, et d'en abandonner l'administration, comme elle le fait des canaux Verceillais, je ne doute pas qu'elles ne trouveraient facilement des emprunts, au taux auquel est fait celui dont il est question avec la Société anglaise.

Et en parlant de la Société anglaise, mon intention est de toucher aux observations faites par l'honorable sénateur Gioia, et quoique il n'ait pas besoin que je vienne les appuyer, toutefois, par devoir et par la haute estime que je professe pour mon illustre collègue, je crois devoir le faire.

Il me semble que le sénateur Gioia a été mû par un esprit de patriotisme, par des sentiments de gloire nationale, en exprimant l'opinion, qu'il aurait préféré que des hommes du pays, des Italiens, eussent participé ou eussent assumé une entreprise de cette nature.

Il vous a cité les travaux faits par des Italiens, en d'autres temps, en Italie ; il n'a pas voulu vous parler d'une œuvre surprenante, faite par un Italien en France, le canal du Midi, canal fait et accompli il y a deux siècles, par l'immortel Riquetti. Le canal du Midi fut conçu par Riquetti. Celui-ci fut la souche de cette famille, qui a donné à la France ce grand orateur qui s'appelle Mirabeau.

Avec un pareil exemple, pourquoi un Italien ne pourrait-il pas émettre l'idée, le désir, qu'un canal auquel on donne une si grande importance, soit un travail italien, une œuvre faite par des Italiens? Il me semble que ce sentiment ne peut ni mériter un reproche, ni être qualifié de déplacé.

Cela n'embarrasse nullement la question relative à l'affluence des capitaux étrangers dans notre pays, laquelle sera toujours bonne, lorsqu'elle sera faite dans des conditions équitables.

A ce propos, l'honorable ministre disait : « Mais la Société anglaise, concessionnaire de l'entreprise dont il s'agit, n'a pas été seulement alléchée par ce bénéfice de l'intérêt de 6 0/0, que le gouvernement lui garantit, puisqu'elle aurait pu prendre des fonds publics, qui lui donneraient un produit beaucoup plus grand.

Je prie l'honorable ministre de se bien persuader que depuis quelques temps, l'emploi sur des fonds publics, a une importance bien différente de celle de l'emploi de l'argent, avec garantie sur des biens-fonds et avec l'addition d'entreprises ou de travaux dans lesquels on peut réaliser des bénéfices considérables.

L'entreprise qu'on est pour concéder, dans l'opinion de quelques-uns de nos collègues, ne se mesure pas uniquement sur l'utilité qui en résultera, pour cette partie du pays ou le canal s'étend, mais encore sur la probabilité des bénéfices qu'on pourra obtenir par l'exécution de cette entreprise. Si l'honorable Gioia a beaucoup insisté sur cet article 23, je crois qu'il ne l'a fait pour aucune autre raison, que que pour dire qu'il faudra que le gouvernement soit très-vigilant dans l'observation de cet article, parceque sous ce rapport, personne mieux que le ministre des finances et son collègue le ministre des travaux publics, ne peut savoir, que les entrepreneurs et les adjudicataires, cherchent à faire leurs profits et non ceux du gouvernement.

Je passe maintenant à une autre question qui a été examinée dans le bureau central, mais sur laquelle on n'a pas cru devoir prendre aucune conclusion, afin qu'elle pût être traitée avec la plus grande liberté dans la discussion générale. D'après les documents, d'après les titres communiqués, il ressort que le gouvernement a, à cet égard, une opinion assez large, c'est-à-dire qu'il est disposé à assumer le rôle de promoteur, et, jusqu'à un certain point, de soutien de ces travaux d'utilité publique, et, ce qui est encore plus important, d'en être le garant.

Cela est si vrai que nous voyons se former des sociétés, lesquelles parlent de culture et d'irrigation, sur une vaste échelle, en Sicile. D'autres parlent de dérivation du Pô et autres opérations dans l'Emilie, sans compter celles qui naîtront après l'approbation de cette loi.

Ici donc se soulèvent deux questions : ou il s'agit de la question spéciale, et l'honorable rapporteur dira comme le bureau central, a conclu pour l'approbation du projet ministériel, en vue des circonstances particulières dans lesquelles se trouvent ces provinces, et qu'il est inutile maintenant d'indiquer; ou il s'agit de la question générale de la protection à accorder à cet art industriel agricole.

Quant à la question spéciale, comme je l'ai dit, elle fut et pourra être traitée par le rapporteur du bureau central.

Quant au principe général qui me semble avoir été, je ne dirai pas confirmé, mais certainement émis, avec un certain élan de générosité par le ministre des finances, j'y applaudirais de grand cœur dans d'autres circonstances; mais actuellement, quoique ami de toutes les opérations agricoles, de toutes les irrigations possibles, de tous les encouragements qu'on peut donner aux arts industriels et agricoles, je ne crois pas que ces arts, qui sont des arts de paix, doivent prévaloir sur les autres besoins que nous avons, puisque nous payons les contributions de guerre.

Je ne serais donc pas d'avis que ce principe si général dût être appliqué aux cas qui se présenteront même dans des circonstances peu différentes des circonstances actuelles.

J'approuverais que, dans d'autres circonstances plus normales, le gouvernement encourageât l'industrie et promît l'association des citoyens pour produire de grands résultats, des travaux d'utilité publique. Mais, je le répète, je crois que dans ce moment, le gouvernement doit tenir compte de l'obole pour la consacrer à cette fin qui est le salut de la patrie.

Il est inutile de discuter plus longuement sur cet argument, comme il est inutile que je le dise, parce que le goût des spéculateurs ne se porte pas facilement sur des emprunts dans des circonstances menaçantes comme les circonstances actuelles. Tout le monde le sait et peut en être juge sans autre démonstration.

Donc, étant tenu compte de ces réflexions, j'espère que le ministère ne s'abandonnera pas facilement dans l'avenir au désir louable, généreux, d'encourager l'industrie agricole et commerciale avec des moyens pécuniers, lorsque ceux-ci n'abondent pas dans le Trésor.

Je crois, au contraire, qu'il doit être rétif à faire des promesses, et surtout à donner des espérances, car sur les promesses et sur les espérances on fonde des illusions qu'il devient difficile ensuite de satisfaire.

Je conclus sur ces quelques observations en répétant que le cas présent ne doit pas avoir de conséquences pour l'avenir, et si l'honorable sénateur Gioia a dit qu'il lui semblait temps de s'arrêter dans cette matière, je ne suis pas éloigné de le seconder, de l'appuyer.

Une voix. — Au vote, au vote!

M. le président. — Si personne autre ne demande la parole, je mets aux voix la proposition suspensive du sénateur Jacquemont.

M. Jacquemont, sénateur. — Je la retire.

M. le ministre des finances. — Je demande la parole.

M. le sénateur Perrati, rapporteur. — Je demande la parole pour mettre l'honorable ministre à même de répondre d'une manière plus complète aux conclusions du rapport.

Le bureau central a proposé quelques modifications, non

pas à la convention, parce qu'elles n'auraient pu y être faites, mais à introduire dans le cahier des charges, qui réglera l'exécution de cette convention même.

Aux observations que le bureau central a exposées dans ses conclusions, on devrait en ajouter encore deux, que je me fais un devoir de soumettre à monsieur le ministre pour qu'il puisse y réfléchir.

La première est la conséquence d'une observation faite dans le rapport du bureau central, et sur laquelle on a déjà eu une réponse par le représentant du gouvernement, qui a assisté à ses délibérations. C'est que dans l'article 23, étant dit que le gouvernement exercera un contrôle sur la marche économique de la Société, on dut déclarer expressément, dans le cahier des charges, qu'on lui donnera le droit de pouvoir réduire, et contenir dans des limites équitables les dépenses d'administration de cette Société.

L'autre observation que le bureau central voudrait faire est celle-ci, comme on voit, que, par l'article 20, le paiement des intérêts des obligations est garanti devoir être fait par les caisses de l'Etat, aux porteurs de ces obligations; le bureau central désirerait, et il serait d'accord avec ce qui a été dit il y a un instant, par le sénateur Gallina, qu'on donnât dans le cahier des charges quelque garantie, pour que l'amortissement dût arriver directement des caisses de l'Etat aux intéressés, c'est-à-dire aux porteurs des obligations.

Le bureau central n'a pas d'autres observations à faire; c'est pourquoi, si monsieur le ministre déclare y adhérer, on pourra alors combiner (dans le cas où il n'y aurait pas d'autres difficultés) ou tout au moins, le bureau central désirerait combiner un ordre du jour, lequel précéderait la votation de la loi, afin de prendre acte des déclarations que monsieur le ministre ferait au Sénat.

M. le ministre des finances. — Je demande la parole.

M. le président. — Vous avez la parole.

M. le ministre des finances. — Avant tout, je dois dire que je n'ai aucune difficulté à déclarer explicitement que dans le cahier des charges, comme le propose le bureau central, on définira que par *sources-ruisseaux* (fontanile) on doit toujours entendre une excavation artificielle, les fossés à ciel ouvert faits dans le but d'activer les bouches de fontaines.

En second lieu, qu'on prendra les mesures nécessaires pour assurer l'exécution des dépenses et les compensations qui pourraient devenir nécessaires dans les dernières années à l'échéance de la convention.

Je dois même dire, à ce propos, que j'avais fait demander aux concessionnaires s'ils consentaient à une chose et à l'autre, et ils m'ont écrit qu'ils ne faisaient aucune espèce d'opposition, et si le Sénat le croit bien, je puis donner lecture de cette lettre.

« Monsieur le ministre,

» Nous soussignés, concessionnaires du canal Cavour, après avoir pris connaissance des observations faites sur la rédaction du cahier des charges par la commission du Sénat du royaume, déclarons accepter la définition des fontaines, donnée par le gouvernement et acceptée par la commission; c'est-à-dire que par les *fontanili scorrenti in trincea*, on devra entendre exclusivement des tranchées à ciel ouvert destinées à l'exploitation des jets de sources. Nous déclarons, en effet, adhérer à l'addition faite à l'article 26 relativement à la garantie, que la Compagnie devra laisser en fin d'exercice, pour assurer la remise exacte et régulière des objets revenant à l'Etat.

» Turin, 6 août 1862.

» Henri Bonnaire.

» Par procuration de :

» Edwin C. Micholls.

» W. C. Ouslow.

» P. D. Hadow.

» W. W. Cargill.

» John Mastermann.

» A monsieur le ministre de l'agriculture et du commerce, à Turin. »

Je dirai de plus qu'on a déjà pris des accords pour la somme qu'on laisserait de côté, c'est-à-dire un dixième sur cent mille livres, de manière à faire au moins un million. Ce sont des détails qui intéressent peu, mais je les donne simplement pour assurer le Sénat que pour ces deux premiers articles on a déjà fait le nécessaire, pour donner une satisfaction entière aux désirs manifestés par le bureau central.

Quant au troisième point accepté par la Société, c'est-à-dire, « des dispositions qu'on sera pour prendre, afin de faire connaître en temps utile, les bases qu'on voudrait adopter pour déterminer le prix en s'éclairant aussi des vœux des représentations provinciales, » naturellement le gouvernement désire, et par un article de la convention, l'article 28, il s'est justement réservé de fixer lui-même le prix de l'eau, afin de protéger les intérêts des populations, et pour connaître ces intérêts on ne pourrait s'adresser mieux qu'aux représentations provinciales, lesquelles ont été indiquées par le bureau central.

Par conséquent, sur ce point aussi, je n'aurais aucune difficulté à déclarer formellement que les représentations provinciales seront entendues dans la formation des prix, et que ceux-ci seront aussi fixés en temps utile, ce qui, du reste, est dans l'intérêt même du gouvernement et de la Société.

Avant de connaître l'opinion du bureau central, je crois avoir dit dans mon rapport comment j'entendais le sens de l'article 23 qui regarde l'intervention du gouvernement dans le contrôle de la gestion de la Société, et lui donne aussi le droit de pouvoir réduire les dépenses qui lui sembleraient excessives. J'entendais la chose précisément dans les mêmes termes, et du moment que le bureau central m'y engage, je n'hésite pas à déclarer formellement que j'aurai soin de dire dans le cahier des charges, d'une façon plus explicite, que le gouvernement aura le droit, non-seulement de se faire présenter les comptes de la Société, mais d'exiger que les dépenses soient réduites à une juste mesure, selon l'expérience acquise par le gouvernement, même pour les canaux domaniaux.

Quant à l'amortissement, je n'en ai pas parlé dans la convention, parce que c'était difficile de le faire avant que la Société fût formée. Il serait préférable, et ce serait même le désire du gouvernement, que cela se fît par extinction au sort, qui est la manière la plus simple et la plus commode pour les obligations et pour les actions. Par conséquent, il est évident que le fonds nécessaire à l'amortissement doit être, en certaine façon, un fonds spécial qui reste auprès de la Société, parce que ce n'est pas comme le paiement des intérêts des obligations qui doit parvenir entre les mains de tous les possesseurs d'obligations, c'est un petit nombre d'actions qui seront également extraites au sort, et qui auront droit au remboursement. Mais de toute façon, comme il y a des corps constitués du pays qui ont pris une quantité considérable de ces obligations, je déclare aussi ne pas avoir de difficulté à ce que, dans le cahier des charges, on spécifie que ces extinctions pourront aussi être faites par les trésoreries du gouvernement, comme il est établi pour les intérêts, à l'article 20.

Si le bureau central croit qu'il soit nécessaire d'avoir un ordre du jour qui comprenne ses déclarations, je n'ai pas de difficulté à l'accepter. Mais si le bureau central, en considérant que les deux plus importantes ont déjà été acceptées par la Société, comme il résulte de la lettre que j'ai eu l'honneur de lire, et que pour les autres j'ai fait des déclarations explicites, s'il voulait se contenter de cela, on pourrait, ce soir encore, procéder à la votation de la loi.

M. Pernati, sénateur. — Je ne voudrais certainement pas contredire l'honorable ministre, et ôter de la valeur à ses déclarations; mais je ne sais, toutefois, si, pour la régularité des choses, il ne serait pas mieux, comme on a l'habitude de le faire, de voter un ordre du jour. Certainement il ne sortirait pas des termes de ses déclarations, et on pourrait même le concerter avec M. le ministre. Cela admis, selon le bureau central, l'ordre du jour serait ainsi rédigé :

« Le Sénat, en prenant acte des assurances données par le ministère, qu'il introduira dans le cahier des charges, pour l'exécution de la convention dont il s'agit, les déclarations et les dispositions qui ont été indiquées dans les conclusions du rapport du bureau central, et que, en outre, il garantira le paiement direct de l'amortissement, avec celui des intérêts des obligations, et qu'il réservera au gouvernement, dans l'exercice de son contrôle sur la Société, le droit de réduire équitablement les dépenses d'administration de cette Société, passe à la votation du projet de loi. »

Maintenant, si M. le ministre croit que, au sujet de l'amortissement, ensuite de ce qu'il a indiqué tantôt, on doive introduire quelques modifications dans les termes de l'ordre du jour proposé, le bureau central s'en remet entièrement à lui.

On ne veut pas imposer des liens au gouvernement, dans des termes précis, sur un objet qui doit ensuite être encore discuté par la Société; l'essentiel pour nous était d'éviter les inconvénients indiqués par le sénateur Gioia, puisque on a vu des Sociétés, dont l'administration sociale a touché des sommes pour l'amortissement ou la garantie, mais dont malgré cela les actionnaires n'en ont pas profité.

Cela est une chose grave, et d'après le précédent qui a eu lieu dans le pays, elle doit être prévue.

Elle doit l'être d'autant plus dans le cas actuel, par la circonstance que beaucoup de corps moraux, spécialement dans ces provinces, qui portent un grand intérêt à cette entreprise, en peu de semaines ont souscrit pour 10 millions d'obligations; il convient donc de tranquilliser ceux qui ont fait et, je n'en doute pas, feront encore de considérables souscriptions.

Quant à exprimer clairement que le contrôle donnerait droit au gouvernement de réduire les dépenses d'administration, si cela était nécessaire, je dirai que le bureau central a cru que cela devait être nettement déclaré. Ce n'est pas parce qu'on doutât de l'intention du ministère, mais pour qu'il fût expliqué ce que l'on voulait, parce que, comme le ministère avait mis une phrase semblable dans la première convention, et qu'elle a été ensuite ôtée dans la votation qui a eu lieu dans l'autre branche du Parlement, il a semblé nécessaire, pour que cette intention du ministère eût effet, qu'il en dût être pris acte par le Sénat.

M. le ministre des finances. — Pour ne pas entrer dans une question délicate, comme serait celle de la garantie qu'on veut pour ces obligations ou actions, question un peu scabreuse, je dirais : « En outre, il garantira le paiement direct de l'amortissement comme celui des intérêts des obligations. »

M. Pernati, sénateur. — Le bureau central a dit qu'il acceptait l'idée du ministère; par conséquent, il accepte complétement sa rectification.

M. le ministre des finances.—Je lirai moi-même l'ordre du jour ainsi modifié :

« Le Sénat, en prenant acte des assurances données par le ministère, qu'il introduira dans le cahier des charges pour l'exécution de la convention dont il s'agit, les déclarations et les dispositions qui ont été indiquées dans les conclusions du rapport du bureau central, et qu'en outre il garantira le paiement direct de l'amortissement, comme celui des interêts des obligations, et qu'il réservera au gouvernement, dans l'exercice de son contrôle sur la Société, le droit de réduire équitablement les dépenses d'administration de la même, passe à la votation du projet de loi. »

M. le président. — Que ceux qui veulent approuver l'ordre du jour qui vient d'être lu, se lèvent. (Il est approuvé.)

Je demande aussi au Sénat s'il veut clore la discussion générale.

Le Sénat adopte.

La discussion est close.

N° 7.

LOI DU 25 AOUT 1862

Pour la concession de la construction d'un canal d'irrigation à dériver du Pô.

VICTOR-EMMANUEL II,

Par la grâce de Dieu et la volonté nationale, roi d'Italie;

Le Sénat et la Chambre des députés ont approuvé; nous avons sanctionné et promulguons ce qui suit :

ARTICLE 1er. Est approuvée, avec les modifications qui y sont relatées, modifications acceptées par les concessionnaires, la Convention, en date du 9 mai 1862, passée entre les Ministres de l'Agriculture, du Commerce, de l'Industrie et des Finances, d'une part, et MM. L. Col. William, Campbell Brislow, William Walter Cargill, Patrick Douglas Hadow, John Mastermann, Henri Bonnaire et Edwin Cox Nicholls, de l'autre, convention ayant pour objet la construction et l'exploitation d'un canal à dériver du Pô à Chivasso, ainsi que la cession de la disponibilité des canaux domaniaux dérivés de la Dora Baltea et de la Sesia.

ART. 2. Sur toute l'étendue du territoire traversé par les canaux de la Société, dans les limites ; de 300 mètres du nouveau canal du Pô et des canaux domaniaux cédés à la Société; de 200 mètres des canaux principaux de dérivation, de propriété privée, que la Société viendrait à acquérir, et de 100 mètres des embranchements principaux se détachant des canaux susdits de la Société concessionnaire, il est défendu d'ouvrir de nouvelles *fontaines-ruisseaux* (*fontalini*), coulant en tranchée ouverte, et d'approfondir ou élargir, au-delà de leurs limites actuelles, celles qui se trouvent déjà ouvertes, sauf les droits acquis sur les propriétés d'autrui, à l'époque de la promulgation de la présente loi.

La prohibition pour les canaux déjà existants aura son effet du jour de la promulgation de la présente loi; pour les nouveaux, du jour du tracement de chacun d'eux.

Les contraventions à ces dispositions sont passibles d'une amende de cinq cents à mille livres, et cela en outre de l'obligation pour le contravenant de remettre les choses dans leur état primitif et de dommages-intérêts envers qui de droit.

Art. 3. Les communes, les provinces et les corporations morales sont autorisées à prendre, sauf approbation par la loi communale et provinciale, le nombre d'actions ou d'obligations qu'elles jugeraient convenable pour faciliter l'exécution de la concession dont il s'agit, en contractant les emprunts dont elles pourraient avoir besoin pour faire face au paiement des actions et obligations susdites, et en engageant leurs budgets pour plus de trois ans à l'avenir pour le service des intérêts y relatifs et le remboursement du capital, en excédant, s'il le faut, la limite normale de leurs impôts spéciaux.

Art. 4. Le canal, objet de la présente loi, prendra le nom de *Canal Cavour*.

Nous ordonnons que la présente, munie du sceau de l'Etat, soit insérée dans le recueil des lois et décrets du royaume d'Italie, et mandons à qui il appartient de l'observer et la faire observer comme loi de l'Etat.

Donné à Turin, le 25 août 1862.

VICTOR-EMMANUEL.

(Place du sceau.)

Vu : *le garde des sceaux*,

R. CONFORTI.

PEPOLI,

QUINTINO SELLA.

N° 8.

DÉCRET ROYAL

EN DATE DU 14 SEPTEMBRE 1862. (APPROBATION DES STATUTS DU CANAL CAVOUR.)

VICTOR-EMMANUEL II,

Par la grâce de Dieu et par la volonté nationale, roi d'Italie;

Vu la loi du 31 juillet 1853 sur les sociétés anonymes;

Vu la loi du 25 août 1862 et la convention qui y est annexée;

Vu l'acte public constitutif de la Société du 1er septembre;

Vu l'avis émis par le conseil d'Etat dans sa séance du 11 septembre 1862;

Sur la proposition du ministre de l'Agriculture, de l'Industrie et du Commerce,

Nous avons décrété et décrétons ce qui suit :

ARTICLE PREMIER. La Société anonyme qui porte le nom de *Compagnie générale des canaux d'irrigation italiens, Canal Cavour*, constituée par acte public du 1er septembre 1862, passé par le notaire Turvano, est autorisée et ses statuts insérés dans le même acte sont approuvés, conformément au présent décret.

ART. 2. Sont introduites, dans les statuts, les modifications suivantes :

A) A l'article 10, après les mots *les obligations*, ajouter, *et actions*.

B) A l'article 18, au lieu de l'article 43, citer l'article 42.

C) A l'art. 21, au lieu des mots *la voix des présidents*, dire *la voix du président*.

D) A l'article 22, où l'on parle des votes du délégué (*mandatario*), substituer le numéro 2 au numéro 4.

E) A l'article 26, au lieu de *commissaire*, dire *délégué*.

F) Au même article, où l'on parle des membres du comité permanent, au lieu de *quatre*, dire *deux*.

G) Reformer l'article 28 dans les termes suivants : *L'organisation de ces bureaux et leurs attributions seron fixées par l'assemblée générale*.

H) Dans l'article 31, citer l'article 30 au lieu du 29 et l'article 32 au lieu de l'article 31.

I) Dans l'article 32, supprimer les mots : *suivant le présent article*.

K) Dans l'article 33, après les mots : *toutes les fois que le conseil d'administration*, ajouter *ou le commissaire royal*.

L) Dans l'article 35, au mot *bureau*, substituer le mot *président*.

M) A l'article 36, citer, au lieu de l'article 38, l'article 37.

N) Reformer l'article 37 comme suit : *Les membres de l'assemblée ont autant de voix qu'ils possèdent de fois vingt actions, sans que ce nombre puisse excéder cinq voix, ou dix voix dans le cas de représentation*.

O) Ajouter à la fin de l'article 39 les mots *et par le commissaire royal*.

P) A l'article 42, numéro 1, supprimer les mots *l'amortissement et*, en les remplaçant simplement par la préposition *du*, et au numéro 2, supprimer le mot *de* qui précède le mot *leur*.

Q) A l'article 43, citer l'article 42, au lieu du 43.

Art. 3. Les administrateurs et les agents de la Société susdite sont des mandataires temporaires révocables, associés ou non associés, payés ou non payés, aux termes du Code de commerce.

Art. 4. La Société sera définitivement constituée lorsqu'elle aura justifié auprès du Tribunal de commerce de Turin que toutes les actions sociales sont souscrites.

Art. 5. Elle sera soumise à la surveillance immédiate du gouvernement qui l'exercera au moyen d'un commissaire.

Les dépenses pour le commissaire, consistant en une somme de 4,000 livres par an, seront versées dans les caisses de l'Etat, par semestres et d'avance.

Nous ordonnons que le présent décret, muni du sceau de l'Etat, soit inséré dans le *Recueil des lois et des Décrets* du royaume d'Italie, et mandons à qui il appartient de l'observer et de le faire observer.

Donné à Turin, le 14 septembre 1862.

VICTOR-EMMANUEL.

Pepoli.

N° 9.

—

STATUTS

De la Société anonyme des canaux d'irrigation italiens (Canal Cavour).

TITRE I.

FORMATION ET OBJET, SIÉGE ET DURÉE.

Article premier. Les soussignés fondent une Société anonyme, qui existera entre tous les propriétaires des actions, de la création desquelles il sera fait mention ci-après.

Art. 2. Cette Société a pour objet :

1. La construction et l'exploitation du canal d'irrigation du Pô au Tessin ;

2. L'acquisition et l'exploitation des divers canaux déjà existants, et qui sont déterminés par l'acte de concession ;

3. La construction et l'exploitation des autres canaux d'irrigation dont elle aura demandé et obtenu la concession.

Sa durée est fixée à cinquante ans, conformément à la loi.

Art. 3. La Société prend la dénomination de **Compagnie générale des canaux d'irrigation italiens (Canal Cavour).**

Art. 4. Le siége de la Société est établi à Turin, avec bureaux correspondants à Londres et à Paris.

Art. 5. Le capital-actions étant souscrit, la Société est dès à présent constituée.

TITRE II.

APPORT DE LA CONCESSION.

Art. 6. Les comparants apportent et transmettent à la Société :

1° La concession avec tous les plans, études y afférents, débours et commissions pour un million cinq cent mille livres (l. 1,500,000).

2° Le traité fait avec l'entrepreneur général par lequel ce dernier se charge de l'exécution complète du canal, de l'acquisition des terrains, etc., moyennant une somme de quarante-sept millions sept cent quatre-vingt sept mille trois cent soixante-six livres (l. 47,787,366) ;

3° Tous les droits relatifs à la prolongation dudit canal, sous réserve de conserver ces mêmes droits pour leur propre compte, dans le cas où la Compagnie ne voudrait pas en profiter dans le délai des trois mois qui suivront l'approbation des plans par le gouvernement.

TITRE III.

FONDS SOCIAL–ACTIONS–OBLIGATIONS.

Art. 7. Le capital social est fixé à vingt-cinq millions de francs ou livres italiennes (25,000,000), divisés en cinquante mille actions de cinq cents livres chacune.

Le conseil d'administration de la Compagnie est en outre autorisé à émettre au fur et à mesure de ses besoins, et jusqu'à concurrence de cinquante-cinq millions de livres (55,000,000), des obligations au porteur dans la forme, les conditions et aux époques qui seront indiquées par ledit conseil d'administration.

Les actions et les obligations seront libellées en italien, en anglais et en français, et les coupons seront payables à Turin, à Paris et à Londres, au change fixe de 25 fr. au 1er janvier et au 1er juillet.

Tout ce qui concerne l'article 7, relativement aux obligations, demeure réglé par la convention du gouvernement, art. 20.

ART. 8. Chaque action donne un droit proportionnel dans la propriété de la concession et dans les bénéfices de l'entreprise.

ART. 9. Après le versement de cent cinquante francs (l. st. 6) par action, le titre deviendra au porteur et cessible par simple transmission.

ART. 10. Les actions numérotées de un à cinquante mille, et les obligations sont extraites d'un registre à souche établi au siége de la Société, frappées du timbre sec de la Compagnie, et revêtues de la signature de deux administrateurs et du secrétaire général. Un bureau de transfert sera établi aux bureaux correspondants de Londres et de Paris.

Les obligations et actions sont en outre revêtues de la signature d'un commissaire du gouvernement.

ART. 11. Le Conseil d'administration pourra autoriser le dépôt et la conservation des titres au porteur dans une caisse qui sera destinée à cet effet, et moyennant une légère rétribution.

ART. 12. Les actions et les obligations sont indivisibles, et la Société ne reconnaît qu'un seul propriétaire pour chaque action ou obligation.

ART. 13. La possession d'une action entraîne l'adhésion aux Statuts de la Société.

Les héritiers ou ayants-droit d'un actionnaire ne peuvent, sous quelque prétexte que ce soit, provoquer l'apposition des scellés sur les biens, argent et valeurs de la Société, ni s'immiscer en aucune manière dans son administration; ils doivent, pour l'exercice de leurs droits, s'en rapporter aux inventaires sociaux et aux délibérations de l'Assemblée générale.

Art. 14. Le montant de chaque action est payable à Turin, à Paris et à Londres, chez les banquiers de la Compagnie.

Le premier versement de cinquante francs (l. st. 2) par action et tout versement devra être annoncé un mois à l'avance à l'époque fixée pour le payement dans les journaux spéciaux à Turin, Paris et Londres.

Tout actionnaire aura le droit de se libérer des versements à venir, et il recevra l'escompte de 6 0/0 l'an sur le terme qui restera à courir jusqu'à l'époque des versements appelés.

Art. 15. A défaut des versements aux époques déterminées, l'intérêt sera dû pour chaque jour de retard à raison de 6 0/0 l'an.

La Société pourra faire vendre les actions et les obligations en retard.

A cet effet, les numéros de ces actions et obligations, avec indication des conséquences du retard, seront publiés dans les journaux indiqués à l'article 14 : à partir du quatorzième jour, après cette publication, la Société, sans mise en demeure et sans aucune autre formalité ultérieure, aura le droit de faire procéder à la vente des actions et obligations en une fois ou successivement, sur duplicata, à la Bourse de la ville indiquée dans les avertissements des journaux, pour le compte et aux risques et péril du retardataire.

Les titres des actions et obligations ainsi vendues seront nuls de plein droit, et il en sera délivré aux acquéreurs des nouveaux ayant le même numéro que les titres annulés.

En conséquence, la négociation de toute action ou

obligation, qui ne portera pas la mention régulière des versements qui auraient dû être opérés, n'aura aucune valeur.

L'imputation des prix à provenir de la vente, après déduction des frais et intérêts dûs, s'opérera en commençant par les versements les plus anciennement exigibles.

L'excédant, s'il en existe, appartiendra à l'actionnaire ou porteur d'obligation exproprié.

Dans le cas où, sur l'avertissement, l'actionnaire ou porteur d'obigations en retard viendrait à verser, il devra ajouter les frais à son versement en principal et intérêts.

Art. 16. Les actionnaires ne sont engagés que jusqu'à concurrence du capital de leurs actions.

TITRE IV.

CONSEIL D'ADMINISTRATION.

Art. 17. La Compagnie est administrée par un Conseil composé de dix-neuf membres, dont dix au moins sont choisis parmi les personnes domiciliées en Italie.

Ce nombre pourra être porté à vingt-cinq, mais la majorité sera toujours choisie parmi les personnes résidant en Italie.

Toute décision pour être valable doit être prise avec le concours au moins de sept membres présents.

Toutes les fois que deux membres du conseil demandent l'ajournement d'une question qui n'est pas du ressort de l'administration ordinaire, pour qu'on puisse connaître l'opinion des absents, cet ajournement est obligatoire. Les communications adressées par les soins du président aux membres absents pour réclamer leur avis, doivent être suivies d'une réponse dans les douze jours de leur expédition.

Cet avis arrivé dans le délai prescrit est considéré comme un vote de vive voix; après les douze jours s'il n'y a pas de réponse, on passera outre.

Les membres du Conseil sont nommés par l'Assemblée générale.

Ils sont renouvelés par cinq, chaque année, sauf les dérogations de l'article 19.

Les membres sortants sont désignés la première fois par la voie du sort, ensuite par l'ancienneté.

Ils sont rééligibles.

En cas de décès ou empêchement permanent d'un ou plusieurs administrateurs, le conseil pourvoira provisoirement à leur remplacement juqu'à la première Assemblée générale.

Les fonctions de ces derniers ne durent que pendant le temps qui reste à courir sur l'exercice des membres qu'ils remplacent.

Chaque administrateur doit être propriétaire de cinquante actions qui restent inaliénables pendant la durée de ses fonctions.

Les titres de ces actions seront déposées dans les caisses désignées par le Conseil d'administration.

Art. 18. Les administrateurs recevront 5 0/0 des produits nets, conformément à l'art. 42 des présents statuts.

Il leur sera en outre alloué, jusqu'à la complète construction du canal, une somme qui ne pourra pas excéder sept cent cinquante mille livres (750,000); moyennant cette somme seront à la charge des administrateurs les frais de direction, de secrétariat, de bureau et de toute autre dépense intérieure, sauf le payement des ingénieurs, suivant les bases déterminées par le conseil d'administration.

Art. 19. Par dérogation à l'article 17, le premier conseil d'administration sera composé comme suit :

MM. le marquis Cavour, Minghetti, comte Oldofredi, marquis Ch. Cusani, Chev. Genero, de Fernex, Laurent, G. C. Macpherson, L. Reid, S. Dikson, le col. Campbell Onslow, W. Cargill, G. G. Mansel, O. Hadow, F. Surtees, I. P. Brown Westhead, colonel Mayhew, Alf. Joly.

Qui s'adjoindront, s'il y a lieu, dans les trois mois, ceux qui doivent compléter le nombre déterminé par l'article 17.

Il continuera ses fonctions jusques et y compris la cinquième année après l'achèvement du canal.

A l'expiration de cette cinquième année, il sera renouvelé conformément à l'article 17.

Art. 20. Le Conseil d'administration nomme chaque année, parmi ses membres, un Président et deux vice-présidents qui peuvent être indéfiniment réélus.

L'un des vice-présidents doit être pris parmi les membres résidant habituellement à Londres.

En cas d'absence du Président et des deux vice-présidents, le conseil désigne celui de ses membres qui doit remplir les fonctions de président.

Art. 21. Le Conseil se réunit tous les mois sur convocation, et plus souvent s'il en est besoin.

Ses décisions sont prises à la majorité absolue des membres soit présents, soit représentés par un fondé de pouvoir, conformément à l'article 22.

En cas de partage, la voix du président est prépondérante.

Art. 22. Chacun des membres anglais ou français du Conseil d'administration, à raison de l'éloignement de son domicile, aura le droit de choisir parmi les membres du conseil un délégué auquel il donnera le droit de le représenter au Conseil et de voter pour lui.

Le délégué ne pourra jamais avoir plus de deux voix y compris la sienne.

Art. 23. Les délibérations du Conseil d'administration sont constatées par des procès-verbaux signés par le président et un des administrateurs qui assistaient à la délibération, et par le secrétaire général.

Copie de ces délibérations sera envoyée à Londres.

Art. 24. Le Conseil d'administration est investi des pouvoirs les plus étendus pour l'administration de la Société et l'exploitation de la concession.

A ce titre il passe et autorise les marchés de toute nature et les contrats soit pour la vente, soit pour la location des eaux.

Il autorise les contrats de terrains ou d'immeubles, de machines, etc., nécessaires à l'exploitation.

Il détermine tout retrait de fonds et le placement des fonds disponibles.

Il autorise tous transferts nominaux ou en blanc, toute aliénation de valeur, rentes, titres ou effets appartenant à la Société.

Il détermine l'époque et les conditions des émissions d'obligations statutaires, en se conformant à l'article 20 de la convention avec le gouvernement, et fixe les époques, le mode et les conditions de remboursement de ces obligations conformément aux Statuts.

Il arrête le règlement du service intérieur et extérieur de l'entreprise.

Il traite, transige et compromet sur tous les intérêts de la Société.

Il fixe, après la mise en exploitation, les dépenses générales de l'administration.

Il arrête chaque année les comptes qui doivent être présentés à l'assemblée générale et fixe provisoirement les dividendes.

Il fait un rapport à l'assemblée des actionnaires sur les comptes et la situation des affaires sociales.

Il donne toutes les quittances et mainlevées des saisies judiciaires et d'inscriptions hypothécaires.

Il donne tout désistement de privilége et d'actions résolutoires avec ou sans paiement.

Il autorise toutes actions judiciaires, toutes saisies mobilières ou immobilières, tout compromis, et toutes transactions.

Il nomme ou révoque tous agents ou employés, il fixe leurs attributions et leur traitement, alloue toute gratification, et en général il délibère, transige et statue dans la limite et en conformité des présents statuts, sur toutes les affaires de la Société.

Art. 25. La direction de tous les services peut être confiée, sous la surveillance du conseil d'administration, à un secrétaire général.

Le secrétaire général assiste aux délibérations du conseil; il y a voix consultative.

Il est exclusivement chargé de l'exécution des décisions du Conseil, et représente la Société dans tous les rapports avec les tiers.

Tout acte, quittance, transaction ou endossement seront signés par le secrétaire général comme représentant la Société et contre-signés par un administrateur délégué à cet effet.

Les actes constitutifs, tels que les actions ou les obligations, devront, en outre de la signature du secrétaire général, être signés par deux administrateurs.

Art. 26. Le Conseil choisira dans son sein un des membres qui, à titre de délégué, sera chargé en permanence de surveiller l'exécution de ses décisions et de représenter la Société dans ses rapports avec le gouvernement.

Il sera assisté, pour ce qui concerne l'administration intérieure, de deux membres du Conseil nommés par le conseil d'administration, qui composent avec lui le Comité permanent établi au siége de la Société.

Art. 27. Les membres du conseil d'administration ne contractent en raison de leur gestion, et suivant les dispositions de l'art. 41 du Code de commerce à Turin, aucune obligation personnelle ou solidaire; ils ne répondent que de l'exécution de leur mandat.

Art. 20. L'organisation des bureaux de Londres et de Paris et leurs attributions seront fixées par l'assemblée générale.

TITRE V.

ASSEMBLÉE GÉNÉRALE DES ACTIONNAIRES.

Art. 29. L'assemblée générale régulièrement constituée représente l'universalité des actionnaires.

Art. 30. Chaque actionnaire qui, dix jours avant l'assemblée générale, déposera soit dans la caisse de la Société à Turin, soit à l'agence de la Compagnie à Londres ou à Paris, au moins vingt actions, pourra intervenir comme membre à l'assemblée générale.

L'assemblée générale rend ses délibérations à la majorité absolue des membres présents et pour tous les cas où les présents statuts ne s'y opposent pas.

Nul ne peut représenter un actionnaire s'il n'est lui-même membre de l'assemblée générale.

La forme des pouvoirs sera déterminée par le Conseil d'administration.

L'assemblée est régulièrement constituée lorsque les actionnaires représentent au moins un dixième des actions.

Art. 31. Dans le cas, où sur une première convocation, les actionnaires présents ne rempliront pas les conditions prévues à l'article 30 imposées pour la validité de la délibération de l'assemblée générale, cette assemblée sera ajournée plein de droit. L'ajournement ne pourra être moindre de trente jours.

La seconde convocation sera faite dans la forme prescrite par l'art. 34; mais le délai entre la publication de l'avis et la réunion pourra être réduit à vingt jours.

Les délibérations prises par l'assemblée générale dans la seconde réunion ne peuvent porter que sur les objets à l'ordre du jour de la première.

Les délibérations sont valables, excepté le cas prévu à l'art. 32, quelque soit le nombre des actionnaires présents et des actions représentées.

Art. 32. Les délibérations relatives aux emprunts, aux modifications des statuts, et aux additions à y faire : celles relatives à l'augmentation du fonds social par l'émission de nouvelles actions, à la prorogation, ou la dissolution de la Société avant le terme fixé à l'art. 5, ne peuvent être prises que dans une assemblée générale représentant au moins la moitié des actions, et à la majorité des deux tiers des votes des membres présents.

Toutefois, dans le cas d'une seconde convocation de l'assemblée générale, pour le fait que la première n'ait pu avoir lieu par faute de la quantité des actions voulue, il suffira qu'un quart du fonds social soit représenté pour rendre valables les délibérations, et que ces délibérations cependant soient prises à la majorité des trois quarts des membres présents.

Art. 33. L'assemblée générale se réunit de droit chaque année au siége de la Société dans le courant du mois de mai, suivant la convocation qui est faite par le Conseil d'administration; elle se réunit en outre toutes les fois que le Conseil d'administration ou le commissaire royal en reconnaissent l'utilité, comme aussi par une demande régulière faite par cinquante actionnaires représentant au moins le tiers du capital social, et qui déposent leurs actions en même temps que leur demande.

Art. 34. Les convocations ordinaires et extraordinaires sont faites par un avis inséré au moins un mois avant l'époque de la réunion dans les journaux désignés à l'article 14.

Il est facultatif, mais nullement obligatoire pour le Conseil d'administration, de faire d'autres insertions, s'il le juge nécessaire.

Lorsque l'assemblée doit être appelée à délibérer sur les objets mentionnés à l'art 32, les avis de convocation devront expressément en faire mention.

Art. 35. L'assemblée générale est présidée par le Président ou par un des deux vice-présidents du conseil d'administration, et à leur défaut par l'administrateur désigné par le conseil pour les remplacer.

Les fonctions de scrutateurs sont remplies par deux actionnaires présents au moment de l'ouverture de la séance et désignés par le président, ainsi que le secrétaire.

Art. 36. Les votes de l'assemblée générale sont comptés, comme il est dit à l'art. 37.

Le scrutin peut être réclamé par vingt membres et en cas de partage la voix du Président est prépondérante.

Les membres de l'assemblée ont autant de voix qu'ils possèdent de fois 20 actions, sans que ce nombre puisse excéder cinq voix, ou dix voix dans le cas de représentation.

Art. 38. L'assemblée, sur la proposition du conseil d'administration, à la majorité absolue des votes des actionnaires présents, entend les comptes et les approuve s'il y a lieu.

Elle fixe les dividendes.

Elle nomme les administrateurs en remplacement de ceux dont les fonctions sont expirées, ou qu'il y a lieu de remplacer par suite de démissions, décès, etc.

Elle prononce, en se renfermant dans les limites des statuts, sur les intérêts de la Société.

Elle délibère sur les propositions qui lui sont soumises en exécution de l'art. 25, et donne au Conseil d'administration les pouvoirs nécessaires pour exécuter ses résolutions.

ART. 39. Les délibérations de l'assemblée générale prises conformément aux statuts obligent tous les actionnaires.

Elles doivent être constatées par des procès-verbaux signés par les membres du bureau, ou du moins par la majorité d'entre eux.

Les extraits de ces procès-verbaux à produire en justice sont certifiés par le président du conseil d'administration, ou au moins par celui qui le remplace, et par le commissaire royal.

ART. 40. Une feuille de présence destinée à constater le nombre des assistants à l'assemblée et celui des actions représentées par chacun d'eux demeure annexée à la minute de chacun des procès-verbaux, ainsi que les pouvoirs.

Cette feuille est signée par chacun des actionnaires en entrant en séance.

TITRE VI.

COMPTES ANNUELS, INTÉRÊTS, DIVIDENDES, AMORTISSEMENT.

ART. 41. Pendant toute la durée des travaux et jusqu'au moment de la mise en exploitation, il sera serv aux actionnaires un intérêt annuel de 6 0/0 qui sera porté aux comptes des dépenses générales.

Art. 42. Le bilan sera arrêté le 31 décembre de chaque annnée et soumis à l'assemblée générale avec les comptes y relatifs et pièces justificatives.

Sur le produit net provenant des revenus de la Compagnie il sera prélevé :

1° La somme nécessaire au service des intérêts et du remboursement des obligations ;

2° Celle nécessaire pour servir aux actionnaires les intérêts à raison de 6 0/0 et leur amortissement.

L'excédant, déduction faite de ces prélèvements, sera réparti comme suit :

Quatre-vingt-six pour cent en faveur des actionnaires:

Cinq pour cent en faveur des administrateurs;

Et cinq pour cent en faveur des employés de la Compagnie.

Le Conseil d'administration déterminera les époques de paiement des intérêts et des dividendes.

Art. 43. L'amortissement des actions sera effectué au pair en cinquante ans à partir de l'achèvement des travaux du canal et de sa mise en exploitation.

Il y sera pourvu par une allocation proportionnelle au capital nominal, et par l'intérêt des actions successivement remboursées.

La désignation des actions à amortir aura lieu au moyen d'un tirage qui se fera publiquement à la séance de l'assemblée générale des actionnaires, dans les formes et conditions qui seront déterminées par le Conseil d'administration.

Les propriétaires des actions désignées par le tirage au sort pour le remboursement recevront en numéraire le capital effectivement versé de leurs actions avec les intérêts et les dividendes jusqu'au jour indiqué pour le remboursement, et en échange de leurs actions primitives, des actions spéciales au porteur, ou coupons de jouissance.

Ces actions donneront droit à une part proportionnelle dans les partages des bénéfices mentionnés à l'art. 42.

Les porteurs de ces actions de jouissance conserveront du reste les mêmes droits que les porteurs des actions non amorties, sauf l'intérêt à 6 °/₀ sur le capital remboursé de leurs actions, auquel ils n'auront plus aucun droit.

Les numéros des actions désignées par le sort pour être remboursées seront publiés dans les journaux d'annonces légales de Turin, de Paris et de Londres.

Art. 44. Le paiement des intérêts et des dividendes a lieu par semestres à Turin, à Paris et à Londres, aux lieux, et aux époques désignés par le conseil d'administration.

Tous les intérêts et dividendes qui n'auront pas été touchés à l'expiration de cinq années à partir du jour de la mise en paiement seront acquis à la Société.

TITRE VII.

DISPOSITIONS GÉNÉRALES, MODIFICATIONS AUX STATUTS, LIQUIDATION.

Art. 45. Si l'expérience fait connaître la convenance d'apporter quelques modifications ou additions aux présents statuts, l'assemblée est autorisée à y pourvoir dans la forme déterminée plus haut.

Les délibérations à cet égard ne seront exécutoires qu'après avoir été approuvées par le gouvernement de Sa Majesté.

Tous pouvoirs seront donnés à l'avance au Conseil d'administration délibérant à la majorité des deux tiers des membres présents, dans une réunion spécialement convoquée à cet effet, pour consentir les changements que le gouvernement jugerait nécessaire d'apporter aux résolutions votées par l'assemblée générale.

Art. 46. Lors de la dissolution de la Société, l'assemblée générale, immédiatement convoquée par le conseil d'administration, réglera sur sa proposition le mode de liquidation à suivre.

Pendant le cours de la liquidation les attributions de l'assemblée générale seront les mêmes que pendant l'existence de la Société.

Elle a notamment le droit d'examiner les comptes de liquidation, de consentir toutes décharges, et de donner toutes quittances.

La nomination des liquidateurs fait cesser les pouvoirs des administrateurs.

TITRE VIII.

CONTESTATIONS.

Art. 47. Toutes les contestations qui pourraient s'élever entre les associés ou actionnaires sur l'exécution des présents statuts seront jugées par les tribunaux compétents de Turin.

Les contestations touchant l'intérêt général et collectif de la Société ne peuvent être dirigées soit contre le Conseil d'administration, soit contre un de ses membres, qu'au nom de la masse des actionnaires et en vertu d'une délibération de l'assemblée générale.

Tout actionnaire qui veut provoquer une contestation de cette nature doit en faire, au moins vingt jours avant la prochaine assemblée générale, l'objet d'une communication au Conseil d'administration qui, est tenu de mettre la proposition à l'ordre du jour de cette assemblée.

Si la proposition est repoussée par l'assemblée, aucun actionnaire ne peut la reproduire.

Les significations auxquelles donnent lieu la procédure ne peuvent être adressées qu'aux commissaires, et dans aucun cas elles ne doivent l'être aux actionnaires.

Signé en l'original :

WILLIAM AUGUSTIN MAYHEW,
H. BONNAIRE.

Turin, le 1er septembre 1862.

Enregistré à Turin le 4 du même mois de septembre, au N. 2733 d'ordre, F. 95, par M. Strambio, inspecteur insinuateur, avec le paiément d'une livre et dix cent.

Pour expédition conforme à l'original, levée et collationnée par M. Félix Sibille, personne de notre confiance.

En foi de quoi.

Turin, le 20 septembre 1862 ;

JOSEPH TURVANO, *Notaire.*

N° 10.

DÉCRET ROYAL DU 26 FÉVRIER 1863

Par lequel la Société du Canal Cavour est autorisée à contracter un emprunt d'un million de livres sterling (25 millions de livres italiennes).

VICTOR-EMMANUEL II,

Par la grâce de Dieu et la volonté nationale, roi d'Italie :

Vu la demande présentée par le comité permanent de la Société anonyme des canaux d'irrigation en Italie, nommée *Canal Cavour*, suivant l'autorisation du Conseil d'administration, en date du 13 février courant, ayant pour objet l'autorisation de contracter un emprunt d'un million de livres sterling (25,000,000 de francs), au moyen de l'émission d'obligations spéciales, réduisant d'une somme égale l'émission précédente d'obligations, de manière qu'en aucune façon le capital social fixé par l'article 20 de la convention annexée à la loi du 25 août p. p. ne soit dépassé ;

Vu l'article 7 des statuts de la Société approuvés par décret royal du 14 septembre 1862, par lequel il est donné faculté au Conseil d'administration de recueillir partie de son capital au moyen de l'émission d'obligations jusqu'à concurrence de 55 millions de livres, dans la forme et sous les conditions et aux époques qui seron fixées par elle ;

Sur la proposition du ministre de l'Agriculture, de l'Industrie et du Commerce, d'accord avec celui des Finances pour ce qui le regarde ;

Nous avons ordonné et ordonnons ce qui suit :

Article premier. La Compagnie générale des canaux d'irrigation en Italie, Canal Cavour, est autorisée à contracter un emprunt d'un million de livres sterling (25,000,000 de francs), au moyen de l'émission d'obligations de 100 livres sterling chacune à 90 %, portant intérêt à 9 % sur la valeur nominale et remboursables au pair dans l'espace de sept années.

Art. 2. Dans le cas de non-paiement par la Compagnie susdite des intérêts ou partie des intérêts des obligations dont il s'agit, le gouvernement, après que la notification régulière de ce défaut de paiement lui en aura été faite par un ou plusieurs représentants légaux des porteurs de ces obligations, consent à payer en leur faveur la somme qui, à l'époque de la notification susdite, pourra être due par le gouvernement à la Compagnie générale, avec l'accomplissement préalable des articles 15 et 18 de la convention annexée à la loi du 25 août 1862, relative à la garantie établie, jusqu'à concurrence de ce qui sera nécessaire pour compléter le paiement entier de l'intérêt de ces obligations.

L'engagement que le gouvernement prend dans le présent article aura son effet toutes les fois que le défaut de paiement prévu plus haut se vérifiera, et jusqu'à ce qu'ait eu lieu l'entier remboursement de la valeur nominale des obligations; la garantie du gouvernement relativement aux obligations à émettre, s'entendra expressément circonscrite dans les limites fixées pour les obligations par l'article 18 précité de la convention, et non autrement.

Art. 3. Dans le cas où la Compagnie émettrait de nouveaux titres à un prix supérieur à la valeur nominale, le bénéfice qui en résultera servira de compensation à la charge qui résulte pour la Compagnie de la prime, de la commission et autres dépenses inhérentes à cet emprunt, et de la différence entre l'intérêt payé par la Compagnie et celui qui lui est garanti par le gouvernement.

Art. 4. A mesure que les obligations sus-mentionnées seront émises, la Compagnie devra promptement en informer les deux ministères du commerce et des finances.

Art. 5. Afin de constater que la Compagnie n'excèdera pas, moyennant l'emprunt actuel, le capital statutaire déterminé par l'article 20 de la convention annexée à la loi du 25 août 1862, la Compagnie déposera dans les caisses du gouvernement, 63,000 obligations à déduire des 110,000 déjà émises sous une autre forme; quant aux obligations de nouvelle émission, l'obligation du dépôt des versements dans les caisses publiques, en conformité du même article 20, est maintenue.

Art. 6. Dans l'espace de 30 jours de la date du présent décret, la Compagnie générale présentera au ministère de l'agriculture copie authentique du même décret.

Ordonnons que le présent décret, muni du sceau de l'Etat, soit inséré dans le recueil officiel des lois et décret du royaume d'Italie, et mandons à qui il appartient de l'observer et de le faire observer.

Donné à Turin le 26 février 1863.

Signé : VICTOR-EMMANUEL.

Contre-signé : Manna et Minghetti.

Enregistré à la Cour des comptes
le 7 mars 1863.

Registre 22, actes du gouvernement à p. 110.

Signé : Salvaja.

N° 11.

—

DECRET ROYAL DU 7 SEPTEMBRE 1864

Portant réduction du nombre des obligations de la Société du Canal Cavour à déposer dans les caisses du gouvernement.

VICTOR-EMMANUEL II,

Par la grâce de Dieu et la volonté de la nation, roi d'Italie :

Vu notre décret du 5 mars 1864, n° DCLXXIV, autorisant la Société du Canal Cavour à contracter un emprunt de 25 millions de livres italiennes ;

Vu la demande du Conseil d'administration de cette Société ;

Vu l'article 15 de la convention approuvée par la loi du 25 août 1862, n° 776, pour la concession à ladite Société de la construction d'un canal d'irrigation ; l'avis du Conseil d'Etat entendu ;

Sur la proposition du Ministre de l'Agriculture, de l'Industrie et du Commerce, d'accord avec celui des Finances,

Avons décrété et décrétons :

ARTICLE UNIQUE.

Le dépôt dans les caisses du gouvernement de 63,000 obligations sur les 110,000 obligations primitivemen émises par la Compagnie générale des canaux d'irrigation en Italie, *Canal Cavour*, imposé par l'article 5 de notre décret du 5 mars 1864 déjà cité, sera limité à 50,000 seulement, constituant une valeur équivalente à l'emprunt d'un million de livres sterling, que ce décre autorisait la Société à contracter.

Nous ordonnons que le présent décret, muni du sceau de l'Etat, soit inséré dans le recueil officiel des lois et des décrets du royaume d'Italie, et mandons à qui il appartient de l'observer et de le faire observer.

Donné à Turin, le 7 septembre 1864.

VICTOR-EMMANUEL.

Enregistré à la Cour des comptes
le 5 octobre 1864.
Registre des actes du gouvernement à p. 37.

SALVAJA.

(Place du sceau).

Vu : *Le garde des sceaux,*

J. PISANELLI. MANNA.

N° 12.

—

DÉCRET ROYAL DU 26 JANVIER 1865

Portant approbation du cahier des charges pour l'exécution de la convention avec la Société anonyme des canaux italiens d'irrigation (CANAL CAVOUR).

VICTOR-EMMANUEL II,

Par la grâce de Dieu et la volonté de la nation, roi d'Italie :

Vu la loi en date du 25 août 1862, n° 776, par laquelle est approuvée la convention du 9 mai de la même année, pour la construction et l'exploitation d'un canal à dériver du Pô;

Vu l'article 43 de la convention susdite, qui prescrit la formation d'un cahier des charges pour l'exécution de la même convention;

Sur la proposition du Ministre des Finances, d'accord avec ceux des Travaux publics, et de l'Agriculture, de l'Industrie et du Commerce,

Nous avons décrété et décrétons ce qui suit :

ARTICLE UNIQUE.

Est approuvé le cahier des charges annexé au présent décret, vu par notre ordre par le Ministre des Finances, pour l'exécution de la convention approuvée par la loi du 25 août 1862, nº 776.

Ordonnons que le présent décret, muni du sceau de l'Etat, soit inséré dans le recueil officiel des lois et des décrets du royaume d'Italie, et mandons à qui il appartient de l'observer et de le faire observer.

Donné à Turin, le 26 janvier 1865.

VICTOR-EMMANUEL.

Enregistré à la Cour des comptes,
le 2 mars 1865.
Registre 32, actes du gouvernement à p. 152.

SALVAJA.

(Place du sceau).

Vu : *Le garde des sceaux,*

VACCA. QUINTINO SELLA.

N° 13.

CAHIER DES CHARGES

Pour l'exécution de la convention du 9 mai 1862, approuvée par la loi du 25 août suivant, en faveur de la Société anonyme des Canaux italiens d'irrigation (CANAL CAVOUR).

TITRE I.

SURVEILLANCE DU GOUVERNEMENT.

ARTICLE PREMIER. La surveillance réservée au gouvernement sur la Société anonyme des Canaux d'irrigation italiens, suivant la teneur des articles 22 et 23 de la convention du 9 mai 1862, approuvée par la loi du 25 août suivant, s'exerce au moyen de deux commissaires royaux, l'un administratif, l'autre technique.

Les attributions du commissaire technique devront s'étendre à la surveillance des travaux de manutention du Canal Cavour et de tous les autres canaux domaniaux cédés à la Société.

ART. 2. Chacun des commissaires a droit d'inspecter librement tous les bureaux, établissements et objets de la Société, et d'exercer une libre surveillance sur tous ses livres, registres, papiers, comptes, projets et documents de quelque nature que ce soit.

ART. 3. Tous les ans, le commissaire administratif présentera un rapport détaillé des conditions économiques de la Compagnie aux ministères des Finances, et de l'Agriculture et du Commerce ; le commissaire technique présentera également au ministre des Travaux publics un rapport pour tout ce qui regarde la partie technique.

Art. 4. Le commissaire administratif pourra intervenir aux assemblées générales de la Compagnie, et lorsqu'il croira que les délibérations prises sont en opposition avec la loi du 25 août 1862, avec les statuts et le règlement ci-annexé, il pourra en suspendre l'exécution en en référant immédiatement au ministère, lequel pourvoira suivant la teneur des lois.

L'ordre du jour des séances du conseil d'administration lui sera également notifié afin qu'il puisse, s'il le veut, y intervenir.

Art. 5. Dans le courant du mois d'octobre de chaque année, le conseil d'administration de la Société forme le bilan des recettes et des dépenses pour l'année suivante.

Des tableaux additionnels seront faits pour les variations du bilan qui pourraient être nécessaires dans le cours de l'année.

Art. 6. Dans le courant du mois d'avril de chaque année, le conseil d'administration rédigera un compte exact des recettes et des dépenses de l'année précédente, avec les surplus en actif et passif en comparaison du bilan et des tableaux additionnels.

Art. 7. A partir du commencement de l'exploitation, le bilan préventif et le bilan expiré à peine seront finis avec les titres additionnels ; ils seront communiqués au commissaire royal administratif, lequel les soumettra au ministère des finances avec ses observations inscrites dans un rapport spécial.

Art. 8. Le ministère approuvera par une ordonnance les bilans, ou il y fera les modifications nécessaires et réduira les dépenses qu'il trouvera excessives, après avoir de nouveau entendu le conseil d'administration dans ses déductions.

Dans le cas où le Conseil croirait ne pouvoir accepter les modifications ou les réductions proposées par le ministère, on appliquera les dispositions de l'article 37 de la convention du 9 mai 1862.

Art. 9. Lorsqu'il s'agira de faire des états de lieux (*testimoniali di stato*) dont il est question au titre II du présent cahier des charges, le gouvernement chargera expressément un sien délégué d'y procéder, avec le concours des commissaires royaux technique et administratif, et du bureau technique de la Société.

Art. 10. Le commissaire royal technique veillera à la bonne exécution de tous les travaux de nouvelle construction qui font l'objet de la concession et à l'observation de toutes les modifications qui seront prescrites aux projets détaillés, qui, aux termes de l'article 2 de la convention du 9 mai 1862, doivent être soumis à l'approbation du gouvernement.

Art. 11. Pour cela, il est donné pouvoir au commissaire royal technique de refuser les matériaux de mauvaise qualité et de prescrire ceux qui devront être employés de préférence; de faire suspendre et même démolir les travaux qui ne seraient pas convenablement exécutés, en demandant, s'il était nécessaire, l'intervention de l'autorité administrative et politique pour maintenir la suspension ordonnée.

Si des contestations s'élevaient entre le commissaire technique du gouvernement et le directeur technique de la Société, relativement à la démolition des travaux mal exécutés, il sera décidé sur ces contestations par le ministère des Travaux publics.

Dans le cas ensuite d'un dissentiment entre le gouvernement et la Société, la difficulté sera résolue au moyen des arbitres, suivant la teneur de l'article 37 de la convention. Les arbitres jugeront en même temps qui devra supporter les dommages qui seront la conséquence de la suspension ou de la démolition des travaux.

TITRE II.

ÉTATS DE LIEUX (TESTIMONIALI DE STATO).

ART. 12. On fera un état de lieux de tout ce qui existe et qui doit devenir, après l'échéance du terme de la convention, la propriété du Trésor royal.

ART. 13. On procédera immédiatement à cet état de lieux pour tous les objets compris dans l'article 9 de la concession, et qui, dès à présent, ont été mis à la disposition de la Société.

Ces objets sont les canaux domaniaux dérivés directement de la Dora Baltea, ainsi que ceux qu'on puise de l'Elvo, du Cervo et de la Sesia, ainsi que le subside des eaux dérivées de la Dora Baltea.

Conjointement à ces objets, on entend aussi, comme étant mis à la disposition de la Société pour la durée entière de la concession, tous les canaux, excavations, fossés secondaires, avec tous leurs accessoires et dépendances, avec les édifices, manufactures et propriétés qui y sont annexés.

ART. 14. Les finances et la Compagnie se mettront d'accord pour établir la liste de tous les papiers qui existent dans les archives du gouvernement ayant rapport aux objets compris dans l'article précédent.

La Société pourra au besoin demander copie des actes susdits.

ART. 15. Relativement au Canal Cavour et à tous les autres canaux ou travaux qui seraient entrepris par la

Société, comme aussi à leurs édifices accessoires ou dépendances, les états de lieux seront faits immédiatement après la vérification et avant qu'ils soient mis en exploitation.

Art. 16. Quant aux canaux (*roggie*), fontaines, aqueducs et régimes d'eaux que la Société pourrait acquérir soit des particuliers, soit des personnes ou des corporations morales, on en devra également faire les états de lieux aussitôt que tout ce qui existe et qui aura été cédé aura été mis à la disposition de la Société cessionnaire ; dans le cas où, dans le contrat d'acquisition, il serait convenu de procéder à l'état de lieux dans les rapports entre le cédant et la Société cessionnaire, cet état de lieux pourra avoir son effet aussi par rapport au Trésor royal toutes les fois que l'officier du gouvernement, expressément délégué, aura été appelé à y assister et qu'il aura été approuvé par lui.

Pour tout ce qui existe et qui est indiqué dans le présent article, on fera, dans tous ces cas et en conformité de ce qui est dit dans l'article 14, une liste en double des documents ayant rapport à ce qui aura été cédé et qui aura été remis à la Société.

Art. 17. Comme complément et à l'appui de l'état de lieux, on devra représenter dans des dessins dressés à cet effet :

a.) Le plan à échelle de 1 pour 10,000 des canaux, excavations, édifices, manufactures, et de tous leurs accessoires et dépendances dont il est question aux articles 12, 13 et 16, avec une note descriptive portant des numéros correspondants pour tous les édifices et tout ce qu'il y a de remarquable le long de ces ouvrages, en indiquant dans la même note les édifices et les travaux d'art qui sont à charge de la Société et ceux qui sont à la charge des tiers.

b.) Le profil des canaux et édifices susdits, avec leurs sections transversales, rapporté par des numéros progressifs à chaque point de niveau commun avec les profils longitudinaux du fond des différents lits, et du fil *maximum* et *minimum* de l'eau courant dans chacun d'eux.

Les profils longitudinaux, avec les sections transversales prescrites, devront exactement représenter :

La pente des divers nivellements, et l'élévation des rives et des campagnes.

La largeur soit des canaux, soit des bords et de leurs régimes.

La position des seuils (*soglie*), des embouchures et des dérivations que l'on rencontre dans les deux bords, de façon que dans le profil de chaque canal on puisse connaître le rapport précis en hauteur de ces seuils entre eux et avec le fond du canal où ils existent, afin que, en ajoutant au profil les dimensions de l'ouverture de chaque embouchure et de chaque dérivation, on puisse avoir la projection de la figure intégrale de chaque bouche de distribution, en plein accord avec la description qui en sera faite dans le tableau suivant.

c.) Le tableau descriptif des portées (indiquée en modules et fractions décimales de modules) de chaque bouche de prise, en correspondance avec le titre de sa concession.

Art. 18. Dans les états de lieux, on devra faire la description exacte de tous les canaux principaux et de leurs embranchements, ainsi que de leurs décharges et affluents avec leurs prises d'eau et embouchures respectives, en indiquant pour chaque canal sa situation, la nature des terrains qu'il traverse, la qualité et la destination de ses édifices hydrauliques, ponts, canaux, syphons, déversoirs, déchargeurs, moulins et manufactures de toute sorte qui en dépendent,

Des obligations et des charges en général pour la manutention des aqueducs et de toutes leurs dépendances, et pour les nettoyages et recurages tant ordinaires qu'extraordinaires,

Des terrains annexés aux canaux, en en spécifiant la nature, l'usage et la culture, le territoire sur lequel ils sont situés, la région, les numéros des plans (*mappa*), *leur cohérence*, la superficie et l'estimation censitaires, le nombre et la qualité des plantes qui s'y trouvent.

Des routes privées dont la Société a l'usage, et qu'elle doit entretenir exclusivement ou en communauté avec d'autres ; des fabriques et leur agencement, soit pour habitation ou pour magasins, ou pour un autre usage quelconque, ainsi que des fonds réunis des réserves et matériaux de tout genre (qui seront en possession de la Société en union à chaque objet de la concession.)

Art. 19. Pour les objets qui, au moment de leur consignation à la Société, se trouveraient loués à des tiers, on pourra en omettre la description dont il est question à l'article précédent, toutes les fois qu'il existera des états de lieux dressés entre le locataire et le conducteur, et que ces états de lieux contiendront la description prescrite par le même article.

Dans ce cas il sera donné au Trésor royal, par les soins et aux frais de la Société, une copie authentique de ces états de lieux de location.

S'il n'en est pas ainsi, on procédera à de nouveaux états de lieux ou on dressera un supplément pour ce qui manquerait à celui de la location en cours, afin de compléter la description prescrite, et il en sera donné copie comme il est dit plus haut.

Art. 20. La même règle sera observée par rapport à

tout ce qui existe et est concédé à titre de location trentainaire à l'association générale d'irrigation Verceillaise à l'ouest de la Sesia, par la convention du 14 février 1853, approuvée par la loi du 3 juillet suivant.

Art. 21. A l'échéance de chaque location, le crédit ou le débit qui pourrait résulter de la comparaison et bilan entre le consigné et le rendu dans les rapports entre locataire et conducteur, sera respectivement à la charge ou au crédit de la Société concessionnaire, dans les rapports entre celle-ci et le Trésor royal ; il ne doit uniquement figurer que ce qui résultera des états de lieux qui auront été faits suivant la teneur du présent article.

Art. 22. Tout ce qui existe et forme objet de la concession, restera sous la responsabilité de la Société des canaux d'irrigation italiens, dans l'état conforme aux états de lieux, descriptions et dessins, la Société devant pourvoir à la conservation pour toute la durée de la concession, pour rendre lesdits objets à l'échéance plutôt améliorés que détériorés, c'est-à-dire dans un bon état de conservation tant matérielle que juridique.

A cet effet, après l'échéance de la concession, on procédera à l'inventaire de tous les objets existants et à leur confrontation avec les indications des états de lieux, et on portera au débit de la Société, selon la valeur qui leur sera attribuée par le commissaire technique contradictoirement avec la Société, toutes les détériorations ou défauts qu'on viendrait à reconnaitre par cette confrontation.

En cas de doute, on présumera toujours que chaque objet décrit dans les états de lieux se trouvait en bon état au moment de la remise à la Société concessionnaire.

TITRE III.

PROJETS ET VÉRIFICATION DES TRAVAUX.

ART. 23. Il sera dressé un projet régulier et préventif de tous les travaux qui devront être exécutés par la Société ou par d'autres pour son compte.

ART. 24. Ces projets qui doivent être présentés toujours en double expédition, se composeront :

a.) D'un type planimétrique suffisamment détaillé, et accompagné d'un profil à l'échelle de 1 à 2/000 pour les longueurs, et de 1 à 2/00 pour les hauteurs.

b.) D'une ou de plusieurs planches contenant les dessins en échelle de 1 à 100 pour les édifices nécessaires, en plan, élévation et coupe.

c.) D'un rapport relatif avec estimation de la dépense et le cahier des charges de l'exécution, dans lequel seront contenues les règles à suivre pour le choix et l'emploi des matériaux, et de tout autre détail nécessaire à assurer la plus grande solidité et la perfection du travail.

Les projets que le commissaire technique du gouvernement reconnaitrait n'avoir pas été dressés conformément aux prescriptions de l'article précédent, seront renvoyés par lui à la Société, avec l'indication des réformes à y introduire avant d'être transmis à l'approbation du ministère.

ART. 25. La vérification du canal Cavour et de chacun de ses ouvrages d'art aura lieu, aux termes de l'article 22 de la convention du 9 mai 1862.

Il sera procédé à cette vérification par une commission nommée par le ministère des Travaux publics, d'accord avec le ministère de l'Agriculture, de l'Industrie et du Commerce, avec l'intervention du commissaire technique du gouvernement et du directeur technique de la Société, et des autres membres de celle-ci expressément délégués à cet effet par le conseil d'administration.

ART. 26. Pour ce qui regarde la vérification préliminaire des travaux avant que le canal soit mis en exploitation, comme le prescrit le premier alinéa du susdit article 22 de la convention, il est expressément établi :

a.) Que la vérification de chacun des travaux pourra être demandée par la Compagnie, à mesure qu'ils seront finis ;

b.) Que la commission de vérification, avant l'introduction des eaux dans le canal, devra procéder à une visite générale de chacun des travaux qui le constituent, afin de reconnaître :

1° S'ils sont conformes aux projets approuvés et, si de toute façon, ils remplissent convenablement les conditions nécessaires pour servir à l'usage auquel ils sont destinés ;

2° Si tous les travaux sont exécutés selon les règles de l'art, soit pour la qualité des matériaux employés, soit pour le soin de l'exécution ;

3° S'il y a des défauts soit dans les formes, soit dans les dimensions, qui puissent nuire à la stabilité et à la durée de l'ouvrage;

c.) Que la commission susdite, après avoir entendu les observations du commissaire technique du gouvernement, celles du directeur technique et des représentants de la Société, aura la faculté d'établir, selon qu'elle en reconnaîtra le besoin, les travaux supplémentaires qui devront être exécutés par la Société, avant que les eaux soient introduites dans le canal, en établissant la nécessité de ces ouvrages, comme de tous les détails y relatifs, au moyen d'un procès-verbal qui sera soumis en double original au ministère des Travaux publics, à qui il appartiendra de donner l'ordre d'exécution des travaux supplémentaires susdits, les eaux ne pouvant être introduites dans le canal qu'après l'achèvement de ces travaux.

Art. 28. Dans la vérification finale des travaux, qui, aux termes de l'article 22, déjà cité, de la convention, devra avoir lieu dans l'année du commencement de l'exploitation du canal, la commission de vérification, assistée comme il est dit dans l'article précédent, devra exécuter les expériences nécessaires pour constater la portée du canal à sa dérivation du Pô et inférieurement à la trompe-siphon dans la Sesia, pour les effets dont il est question à l'article 29 de la convention.

Cette commission procédera, en outre, à une inspection soignée de tous les travaux d'art principaux, afin de constater leur réussite et leur conservation durant la période de temps écoulée depuis la vérification préliminaire, et indiquera les réparations qui seraient jugées nécessaires pour la solidité et la durée voulue de ces mêmes travaux, en faisant des déclarations explicites dans le procès-verbal de vérification qui doit être soumis, en double original, au ministère des Travaux publics.

Au ministère susdit, d'accord avec celui de l'Agriculture, du Commerce et de l'Industrie, appartient ensuite d'ordonner l'exécution des travaux de réparation et de remise en état qui seraient jugés nécessaires par le procès-verbal de vérification pour la solidité voulue de chacun des travaux supplémentaires que le gouvernement, aux termes de la convention, a le droit de mettre à la charge de la Société dans les quatre premières années du commencement de l'exploitation.

TITRE IV.

CAUTIONS ET GARANTIES.

Art. 29. Les intérêts des obligations seront payés par les caisses désignées par le ministère des Finances, le 1er janvier et le 1er juillet de chaque année, dans les limites prévues par l'article 20 de la convention.

Art. 30. L'intérêt des actions et l'amortissement respectif sera payé directement par les caisses de la Société, conformément à la convention du 9 mai 1862 et des statuts de la Société.

TITRE V.

DISPOSITIONS DIVERSES.

Art. 31. Par les *fontaines-ruisseaux* (*fontanili*), courant en tranchée ouverte, mentionnées à l'article 39 de la convention et à l'article 2 de la loi du 25 août 1862, on doit entendre strictement des travaux d'excavation à ciel ouvert pour activer les jets de sources.

Art. 32. Le prix de l'eau, suivant la teneur de l'article 28 de la convention du 9 mai 1862, sera établi par le gouvernement :

a) Pour les irrigations, moyennant des tarifs publiés chaque année, la Compagnie entendue;

b) Pour les concessions particulières, pour le service de force motrice, ou autre, dans chaque cas, sur la proposition de la Compagnie.

Art. 33. Le gouvernement aura le droit de faire exécuter, toutes les fois qu'il le croira nécessaire, des inspections et des vérifications de l'état de conservation de tout ce qui forme l'objet de la concession, et dans le cas où ces inspections reconnaîtraient l'existence de détériorations, il aura le droit d'en exiger la réparation ou de la faire exécuter lui-même, à la charge et aux frais de la Compagnie.

Art. 34. La Société sera obligée, après que la construction du grand canal sera terminée, de placer les *bornes* le long de toute la propriété, selon ce qui résultera des actes d'expropriation.

Art. 35. En cas de rupture, désastre, ou quelque autre événement extraordinaire que ce soit, la Compagnie sera obligée d'en informer immédiatement le gouvernement, pour qu'il puisse prendre telle mesure d'urgence qui serait nécessaire.

Art. 36. La Société, aux termes de l'article 27 de la concession, devra maintenir, le long de la ligne des canaux, un nombre suffisant de gardiens, auxquels sera conférée la qualité de gardiens domaniaux, avec tous les effets de la loi du 10 septembre 1836.

Art. 37. Il est défendu à la Société de changer le cours des canaux domaniaux compris dans la concession, ou de changer la position ou la forme des édifices existants, sans une autorisation spéciale du gouvernement.

Vu d'ordre de Sa Majesté.

Le ministre des finances,

Quintino Sella.

N° 14.

—

DÉCRET ROYAL

Portant modification au cahier des charges annexé au décret du 26 janvier 1865.

VICTOR-EMMANUEL II,

Par la grâce de Dieu et la volonté de la nation, roi d'Italie :

Vu l'ordre du jour adopté par le Sénat dans la séance du 14 août 1862 ;

Sur la proposition de nos ministres des Finances, des Travaux publics, de l'Agriculture et du Commerce,

Avons décrété et décrétons ce qui suit :

ARTICLE UNIQUE.

L'article 29 du cahier des charges est ainsi modifié :

Les intérêts des obligations seront payés par les caisses désignées par le ministre des finances, le 1er juillet et le 1er janvier de chaque année, dans les limites prévues par l'article 20 de la convention.

Le gouvernement garantit le paiement direct de l'amortissement et des intérêts desdites obligations.

Ordonnons que le présent décret, muni des sceaux de l'État, sera inséré au *Bulletin des lois*, et mandons à chacun de l'observer comme lois du royaume.

Florence, 25 mai 1865.

Signé : VICTOR-EMMANUEL.

Vu, *le garde des sceaux*,

Signé : VACCA.

Pour ampliation :

Le ministre des finances :

Signé : QUENTINO SELLA.

Enregistré à la Cour des comptes, le 4 août 1865. Registre 33 des actes du gouvernement, A. C. 124.

Signé : VISCONTI.

TABLE DES MATIÈRES

Paris. — Imprimerie SCHILLER, 10, Faubourg-Montmartre.

www.ingramcontent.com/pod-product-compliance
Ingram Content Group UK Ltd.
Pitfield, Milton Keynes, MK11 3LW, UK
UKHW020606180726
13838UKWH00001B/466